WOGUO BOWUGUAN
LVYOU FAZHAN TANXI

我国博物馆
旅游发展探析

朱万峰　耿红莉　著

经济日报出版社

图书在版编目（CIP）数据

我国博物馆旅游发展探析 / 朱万峰，耿红莉著. --北京：经济日报出版社，2020.9

ISBN 978-7-5196-0715-9

Ⅰ. ①我… Ⅱ. ①朱… ②耿… Ⅲ. ①博物馆-旅游业发展-研究-中国 Ⅳ. ①F592.3

中国版本图书馆 CIP 数据核字（2020）第 174184 号

我国博物馆旅游发展探析

作　　者	朱万峰　耿红莉
责任编辑	郭明骏
责任校对	徐建华
出版发行	经济日报出版社
地　　址	北京市西城区白纸坊东街 2 号 A 座综合楼 710（邮政编码：100054）
电　　话	010-63567684（总编室）
	010-63584556（财经编辑部）
	010-63567687（企业与企业家史编辑部）
	010-63567683（经济与管理学术编辑部）
	010-63538621　63567692（发行部）
网　　址	www.edpbook.com.cn
E-mail	edpbook@126.com
经　　销	全国新华书店
印　　刷	北京华邦印刷有限公司
开　　本	710×1000 毫米　1/16
印　　张	11.75
字　　数	183 千字
版　　次	2020 年 10 月第 1 版
印　　次	2020 年 10 月第 1 次印刷
书　　号	ISBN 978-7-5196-0715-9
定　　价	68.00 元

版权所有　盗版必究　印装有误　负责调换

前　言

随着中国经济的飞速发展、综合国力的不断增强、国民生活水平的显著提高，人们对日常休闲、旅游度假、自我提升等层面提出了更高层面的要求。党的十九大报告指出，我国社会主要矛盾已经转化为人民日益增长的美好生活需要和不平衡不充分的发展之间的矛盾。

习总书记强调，要合理利用文物资源，让文物说话，让文物活起来。2018年4月8日，文化和旅游部挂牌成立，人们心中那最美好的"诗和远方"终于走到了一起，博物馆作为文化、文物事业的典型主体，站在了文旅融合的最前沿。同时，"二孩"政策的放开、"80""90"后家长对研学旅行的全新认识和支持、国家政策和资金扶植以及资本涌入等多项利好因素使得研学旅行的体量正在慢慢增大，预估总体规模将超千亿的研学旅行市场正成为旅游业市场发展的新"蓝海"，这对目前正是研学旅行主要服务主体的博物馆来说，也是一次转型升级的大好机会。

当"高""冷"的博物馆开始走入大众游客的视野，旅游景区开始千方百计创意寻找博物馆资源与有效融合的大举创新之际，一场声势浩大的变革正在发生。鉴于博物馆眼红于景区有着大量的游客市场、"网红"的卖点、亲民活动与旅游产品，而景区又羡慕博物馆那天生高贵又内含文化的气质，"博物馆旅游"的研究显得尤为迫切。旅游视角的引入，为长久以来困扰博物馆人的"博物馆疲劳"这一问题提供了新的解决方案，从旅游六要素——食、住、行、游、购、娱等角度，为博物馆文化产业的发展注入了新的活力。同时，博物馆产品的融入，为旅游景区带来了倾慕已久的文化气质，为旅游景区在研学旅行、文创商品、亲子教育等产品创意创新方面注入了新动力。

本书着重介绍了博物馆旅游的整体概念，博物馆主体如何开发旅游产品，以及旅游景区如何融入博物馆产品等方面的内容。第一章至第三章，着重介绍何为博物馆旅游、博物馆旅游发展的意义以及博物馆旅游发展的市场现状；第四章站在博物馆主体的角度，讨论博物馆发展旅游事业/产业的模式、机制与路径；第五章站在旅游区、景区的角度，探讨如何结合旅游资源特色发展博物馆产品模式；第六章至第七章，主要从博物馆旅游总体角度讨论博物馆旅游的营销与盈利模式；第八章为博物馆旅游发展的相关案例；第九章针对的是旅游规划设计单位，在做博物馆旅游主题相关规划过程中，需要重点考虑的规划技术环节的内容，同样是从博物馆主体和旅游景区主体两个角度出发进行概要介绍。

　　追求精神文化享受是博物馆旅游的灵魂与核心，无论是由博物馆主导的博物馆旅游产品，还是旅游景区加入的博物馆类的文化观光产品，博物馆旅游的发展都需要我们更多地从实践和理论层面进行深入和具体的探讨，从而更好地为满足人民日益增长的美好生活需要服务。

目 录

第一章 认识博物馆旅游 /001
一、博物馆旅游的概念、特点 /001

二、博物馆旅游的价值 /005

三、国内外博物馆旅游发展历程、现状及趋势 /006

四、博物馆旅游的开发内容 /014

第二章 博物馆旅游发展的意义 /016
一、博物馆旅游的必要性 /016

二、博物馆旅游的可行性 /021

三、博物馆旅游的重要性 /025

第三章 博物馆旅游的市场研究 /032
一、国内外博物馆旅游市场现状 /032

二、国内外博物馆旅游市场特征 /043

第四章 博物馆如何做旅游 /058
一、博物馆旅游开发典型模式 /058

二、博物馆旅游开发管理机制 /073

三、博物馆旅游发展实施路径 /076

第五章　旅游区如何做博物馆　/083

一、旅游博物馆的内涵　/083

二、旅游博物馆价值体现的重要性　/084

三、旅游要素与博物馆结合发展　/087

四、旅游业态与博物馆融合发展　/100

第六章　博物馆旅游新营销　/111

一、博物馆旅游新营销概况　/111

二、博物馆旅游营销探析　/113

三、博物馆旅游营销策略研究　/116

第七章　博物馆旅游盈利模式　/130

一、盈利模式　/130

二、旅游盈利模式　/131

三、博物馆旅游盈利模式　/134

第八章　博物馆旅游案例分析　/148

一、收藏火爆引发博物馆热　/148

二、特色小镇促进博物馆热　/157

三、没有围墙的博物馆　/163

第九章　博物馆旅游规划　/169

一、博物馆 + 旅游　/169

二、景区 + 博物馆　/175

参考文献　/178

第一章 认识博物馆旅游

一、博物馆旅游的概念、特点

1. 博物馆旅游的概念

（1）博物馆的定义及类型

博物馆的英语"Museum"，最早源于希腊语"缪斯"（Mouseion），是指缪斯神庙，是公元前3世纪托勒密·索托在埃及的亚历山大城建立的一座专门收藏文化珍品的神庙，它也被公认为是西方最早的"博物馆"。

关于博物馆的定义，世界上最常见的博物馆定义出自国际博物馆协会ICOM（International Council of Museums）。该协会是博物馆的国际学术组织，1946年11月由美国博物馆协会会长C·J·哈姆林倡议创立，总部设在法国巴黎联合国教科文组织内。国际博物馆协会早在1946年就对博物馆下定义，至今已经过8次修订，并于2007年开始使用最新版本。最新的定义是2007年8月24日国际博物馆协会（ICOM）在维也纳召开的全体大会上通过，经修改的《国际博物馆协会章程》中提出的，修订后的博物馆定义是："博物馆是一个为社会及其发展服务的、向公众开放的非营利性常设机构，为教育、研究、欣赏的目的征集、保护、研究、传播并展出人类及人类环境的物质及非物质遗产。"该定义较以前的主要变化：一是调整了博物馆业务目的的表述顺序，将"教育"调整到第一位；二是将博物馆工作对象的外延延伸到非物质遗产，即"物质及非物质遗产"；三是去除了沿用多年对可视为博物馆的组织的列举，只保留了对博物馆组织目的、性质、功能和工作对象的原则表述。第三处调整是对当今博物馆发展多样化的态势所表现出的包容和鼓励创新的态度。（注：随着社会迅速发展，博物馆日新月异，人们开始质疑博物馆单一定义的合理性，提出了重新定义的要求。2016年国际博物馆协会成立了"博物馆定义、前景和潜力"常务委员会，据悉，曾收到了来自全球各地的269份（包括中国在内）新博物馆定义提案，国际博物馆协会执委会在通过其"博物馆定义、前景和潜力"常务委员会积极倾听、收集和整理博物馆备选定义之后，于2019年7月21日至22日在巴黎举行的第139届会议上达成了以下决议：国际博物馆协会执委会选择以下内容作为新的博物馆定义，以便以投票方式决定是否纳入国际博物馆协会章程，以替代现有的博物馆定义。提交投票的博物馆定义如下："博物馆是用来进行关于过去和未来的思辨对话的空间，具有民主性、包容性与多元性。博物馆承认并解决当前的冲突和挑战，为社会保管艺术品和标本，为子孙后代保护多样的记忆，保障所有人享有平等的权利和平等获取遗产的权利。博物馆并非为了盈利。它们具有可参与性和透明度，与各种社区展开积极合作，通过共同收藏、保管、研究、阐释和展示增进人们对世界的理解，旨在为人类尊严和社会正义、全球平等和地球福祉做出贡献。"但引人深思的是，之后2019年9月7日在日本京都召开的国际博物馆协会全体大会上，这个博物馆新定义投票以推迟决议的方式结束。）

博物馆定义涉及博物馆的本质、具体事务、目标、功能、责任等，一个通用的定义对全球的博物馆起到了重要的概念支撑作用。但现实表明，随着社会和博物馆发展的差异化和多元性，想要在世界范围内给出一个公认的博物馆定义已经越来越困难了。中国博物馆学会于1983年正式加入国际博物馆协会，并成立了国际博物馆协会中国国家委员会。我国对于"博物馆"法律层面的界定，见2016年3月20日起施行的《博物馆条例》（国务院令第659号）："博物馆是指以教育、研究和欣赏为目的，收藏、保护并向公众展示人类活动和自然环境的见证物，经登记管理机关依法登记的非营利组织。"对比国际博物馆协会2007年最新版的定义可以看出，无论国际还是国内界定，博物馆的内涵基本一致。此外，对于博物馆"非营利性"的解释，也逐渐根据经营管理实际和市场变化有了新的解释，如"不以营利为目的"等。这些解释为博物馆的创新发展提供了理论意义支撑。

博物馆的类型，按照不同的依据分类有所不同。西方博物馆的分类如下：《大不列颠百科全书》从博物馆功能的角度出发将其分为艺术、历史和科学三类博物馆。美国博物馆协会则认为应有更为细致的类型划分，因此将博物馆分为了包括综合、历史、艺术等在内的13个大的类别以及72个小类。一般而言，西方博物馆界是将博物馆划分为艺术、科学、历史和综合四个类别。我国博物馆的基本分类则按照藏品门类和基本陈列倾向，可分为历史博物馆、艺术博物馆、科学技术博物馆和综合博物馆；按照展出主题，可分为遗址类博物馆、艺术类博物馆、历史类博物馆、民族宗教类博物馆、革命纪念馆、自然生态博物馆、名人纪念馆、专题博物馆等。

（2）博物馆旅游的概念

近年来，产业融合的浪潮促使了许多新型业态的产生，并快速成为新的经济增长点。其中，以传播文化知识为主要功能的博物馆和以文化为核心的旅游业有机融合形成的博物馆旅游便是典型的新业态之一。一方面，博物馆在传播文化知识、提高国民素质方面发挥了重要作用；另一方面，随着世界及中国旅游业的发展，博物馆成为满足人们精神需求方面的重要文化资源，而且是高品位的旅游资源；因此，博物馆旅游对促进旅游业高品质发展，满足人们旅游动机多元化的需要可以说是适逢其时。

博物馆旅游目前仍没有一个官方定义，基本都是作者在博物馆定义的基础上对其外延作出延伸。因此，本书对博物馆旅游所做出的定义是指利用博物馆文化及其衍生物作为旅游吸引物，运用资金、科技手段将博物馆文化资源转变为旅游产品，吸引游客前来游览、参观、学习、休闲以增强自身文化修养的一种旅游形式。

定义中的博物馆旅游，从外延上既包括惯常意义上的博物馆、美术馆、科技馆中的游览，也包括在遗址、故居、纪念馆、展览馆以及在具有博物馆性质的文化机构中进行的旅游。从内涵上讲，博物馆旅游其范围不仅包括传统意义上的博物馆，还包括遗址博物馆、露天博物馆、生态博物馆等，在国外还包括一些建筑遗迹，自然公园和保护地，以及动物园、植物园、文化村等博物馆类型。

作为博物馆旅游地的博物馆，亦具备三个条件：一是向公众开放并接待游客；二是设计推出旅游产品并开展旅游活动；三是具有一定旅游服务设施并为游客提供相关旅游服务。也就是说，不是所有博物馆都必须发展旅游，也不是所有博物馆都能发展旅游。

国际上对于旅游者的定义主要有两种，一类是概念性定义，另一类是技术性定义。概念性定义都强调旅游的异地性，但随着国内旅游的发展，在对旅游者进行统计时，异地性却很难操作。特别是对于博物馆旅游来讲，参观者有很大一部分是本地居民，如果完全按照异地性的标准来界定博物馆旅游的游客，大部分本地居民就会被排除在外。因此，本书所述的博物馆旅游主体（游客），等同于参观者，也就是说既包括旅游意义上的异地游客，也包括本地来博物馆进行研究、教育、休闲的本地居民。

2. 博物馆旅游的特点

（1）文化性显著，是博物馆和旅游融合的结合点

与一般的旅游景点相比，博物馆拥有代表其所属民族与所在区域悠久的历史文化资源，几乎能包括所有的文化形态：民族、民俗、建筑、宗教等。从本质而言，博物馆旅游是博物馆文化的拓展，是文化教育深入游客的体现；另一方面，随着旅游者旅游需求的日益提升，对旅游产品的文化需求更加迫切；因此，文化性是博物馆与旅游共有的特性，是二者得以融合的结合点。

（2）地域范围固定，易于建设管理

一般意义的现代博物馆是一个建筑体，是封闭的建筑空间。除了遗址类博物馆，其他类型的博物馆可以选址建造，有的博物馆在建设初期考虑到可持续发展的需要，还留有发展扩建空间。而且博物馆内的文物和藏品也可以自由搬动。因此，与其他旅游资源相比，博物馆比较容易建设，一般都有自己的特色，也相对容易管理，但要创新管理，还要下一番功夫。

（3）游览环境多样，有全新的游览感受

相对于其他众多旅游形式，传统博物馆旅游的游览环境比较舒适，如馆内光线柔和、环境优雅、温度适宜，有的展厅还配有背景音乐等以及供游客休憩的休闲空间。此外，相对于城市博物馆，生态博物馆更是为游客提供了一个独具特色的本土文化游览环境，即将整个社区作为博物馆空间，对社区的自然遗产和文化遗产进行整体保护，以记载、保护和传播社区的文化精华的新型博物馆形态。随

着科学技术的进步与革新，智慧博物馆也得以快速发展，博物馆旅游带给游客的体验性和互动性进一步提升，游览感受更为真实，环境更为独特。

（4）游览时间受限少，能够保障参观时间

自然旅游产品和文化节庆旅游产品有很强的季节性和时间性。与之相比，博物馆旅游受自然因素的影响相对较小。国内外博物馆多数采取每周闭馆一天的管理方式，且基本选择在周一闭馆进行整休。除此之外，不论什么季节，天气如何，游客参观博物馆都能正常进行。

二、博物馆旅游的价值

1. 文化教育价值

博物馆的文化教育功能是现代博物馆开放性的产物，因为早期的博物馆不具有公开性，起不到对公众的教育作用。根据1984年《新世纪的博物馆》一书中对博物馆的教育功能的描述，"就博物馆而言，藏品是它的心脏，教育就是它的灵魂。我们就应该使用充分的信息和有启发性的方法展示藏品，并进行教育工作"，对游客来讲，博物馆收藏的珍贵历史文物所蕴藏的历史文化教育价值是吸引其前来游览的重要方面，因此，博物馆通过陈列展示以及大型文化活动将悠久厚重的历史再现，能让游客在休闲放松之余增加历史知识，提升文化修养。

2. 科学研究价值

博物馆的珍贵文物和丰富的藏品具有重要的历史考古价值和科学研究价值，可吸引文化旅游中专业领域人员通过组织学术研讨会、专题报告会、高峰论坛等形式让单纯以学术研究为主的博物馆融入到旅游中去，以提高博物馆的知名度和认知度，增加人们到博物馆旅游的兴趣和热情，达到以会促游的效果，也能通过旅游的方式对博物馆的历史文化价值和科学研究价值进行传播。

3. 社会服务和经济价值

博物馆作为非营利的永久性机构，是征集、典藏、陈列和研究代表自然和人类文化遗产的实物的场所,是公共文化服务的窗口。它以向公众开放的方式展示和传播历史文化,以学习、教育、休闲为目的为社会发展服务。此外,文旅融合为博物馆的发展带来了新的机遇,进一步释放了博物馆的服务能力,提升了博物馆的服务价值。尤其是在不改变国有博物馆公益性质的前提下,吸收社会力量参与博物馆旅游项目开发,注重旅游产品的创意设计开发,提升博物馆旅游经营意识,增强了博物馆旅游的经济价值。

三、国内外博物馆旅游发展历程、现状及趋势

1. 国外博物馆旅游的发展历程及现状

(1)国外博物馆及博物馆旅游发展

博物馆的产生和发展,与社会经济发展紧密联系。如前所述,目前比较公认的世界上第一座博物馆是公元前283年的埃及亚历山大博物馆。后来有些国家也相继设置了类似的机构。以后这种机构又逐步发展成为收集研究和保存人类文化遗物及自然标本的场所,再进一步发展为以公开陈列的方式对民众进行宣传教育的机构,在西方统称作Museum(中文翻译为"博物馆")。所有这些,为近代博物馆的出现奠定了基础。

近代博物馆的产生,与14至16世纪欧洲的文艺复兴运动有着密不可分的关系。这个时期,希腊、罗马的古典文化、古代遗物受到了空前的重视,许多欧洲国家出现了探访古迹、搜集古物的热潮,这种热潮随着环球新航线的开辟和美洲新大陆的发现得到进一步发展,近代博物馆产生的条件日渐成熟。1682年,第一个具有近代博物馆特征的博物馆——英国阿什莫林艺术和考古博物馆于牛津大学向公众开放,开辟了近代博物馆的先河。

现代意义的博物馆在17世纪后期出现。18世纪,英国内科医生汉斯·斯隆把自己将近八万件的藏品捐献给英国王室,王室由此决定成立一座国家博物馆。1753年,伦敦大不列颠博物馆也就是所谓的大英博物馆建立。1793年,法国大革命推动下的卢浮宫的开放,对世界各国博物馆的社会化起到重要影响作用,博

物馆的社会公众服务功能得到强化。现代博物馆为公共利益服务的文化机构观念深入人心，一些私人收藏室也相继成为对公众开放的博物馆。19世纪，博物馆在欧美遍地开花，迎来黄金时代。

20世纪60、70年代是全球博物馆大发展时期。一方面，20世纪70年代西方国家普遍遭遇了经济萧条，许多国家的政府大幅削减了对博物馆的拨款，政府政策的改变迫使博物馆走向市场，开始注重管理效益问题，通过市场化运作，增加博物馆的经济收入，以维持博物馆的生存和发展。另一方面，博物馆服务社会的战略思潮兴起，尤其在欧美国家提出了博物馆的"三E功能"——Educate、Entertain、Enrich，即文化教育功能、休闲游憩功能、充实人生功能。博物馆日益重视其在城市发展中文化教育作用与思想教育作用，展出的主题越来越贴近公共生活，注重其社会价值的贡献。作为贴近人们生活的博物馆发展定位载体，旅游是实现这一定位的有效途径。

第二次世界大战以后，旅游业进入现代旅游时代，迅速成为一个新兴产业。对于博物馆来讲，采用多元化旅游经营的管理方式不仅博物馆藏品得到了有效展示，为博物馆增加了经费来源，而且让博物馆作为所在城市的历史文化名片，满足了游客追求精神文化需求的旅游动机，博物馆寓教于乐的功能发挥到最大化。

国外博物馆与旅游开始结合的突出表现，就是世界上很多城市的标志性博物馆或博物馆群，已经成为重要旅游目的地。如美国华盛顿史密森尼学院、美国纽约大都会艺术博物馆、英国伦敦大英博物馆、法国巴黎卢浮宫等大型博物馆均已通过旅游业奠定了自己的国际地位和全球影响。

进入80年代，全球博物馆经过大发展期，总数已近二战前的4倍。与此同时，博物馆在旅游中扮演着越来越重要的角色，欧美等国都以博物馆文化为背景，展开了日益丰富多彩的艺术、文化等旅游项目，全世界每年有数以亿计的游客涌向博物馆，把参观博物馆作为重要的游览观光活动。据报道，在1982年—1983年，到英国去的海外游客中，有75%的人在其逗留期间参观了英国的博物馆和美术馆，估计总人次约5100万。日本于1951年制定了《博物馆法》，日本博物馆业在20世纪80年代至1997年迎来发展的高峰，1980-1997年，日本每年增加的博物馆数量在50-70家。根据2015年日本文部科学省的调查显示，日本共有各类博物馆 5690 座，其中包括综合博物馆 450 座，科学博物馆 449 座，历史博物馆 3302 座，美术博物馆 1064 座。博物馆在日本旅游业中占有重要的地位，许多旅游巴士路线、各学校组织的游学旅行都在行程中加入了参观博物馆的项目，不仅包括一般的博物馆，还包括"乡土资料馆""产业博物馆""人物纪念馆"等地方特色博物馆。

特别是世界上许多博物馆的兴建也是出于吸引旅游者的需要，这是博物馆作为旅游设施的独特价值和魅力所在。例如，巴黎不但是法国的政治经济中心，也是著名的国际旅游城市，其都市旅游业以其丰富的历史古迹和异彩纷呈的博物馆取胜，每天吸引着海内外大量的游客。

（2）国外博物馆旅游发展现状

现阶段，博物馆已经成为全球各地文化的重要组成部分之一。全球博物馆的发展受到科普教育、国际旅游和世界文化遗产保护浪潮的影响，更为外向和多元。在全球化、国际化时代，全世界博物馆质量上更为追求高品质、多功能的全面提升。尤其在各大都市中，以著名的大型博物馆或博物馆复合体、密集的中小型博物馆结合而成、覆盖社会的博物馆体系已经或正在形成。

欧洲国家中，英国与法国的博物馆行业历史悠久，发展最为成熟。其中，英国已经拥有约 2500 家博物馆，其中有 28 家国家级博物馆、200 多家公共博物馆、300 家大学博物馆、800 多家地区性博物馆以及 1100 多家独立博物馆，藏品更是种类丰富且历史悠久。英国也因此成为世界上博物馆"密度最大、质量最高、历史最悠久、体系最健全"的国家。法国博物馆则于 20 世纪 70、80 年代得到实质性飞跃发展。目前，法国博物馆总数有 3000 多个，其中属于国家级的国立博物馆有 35 个，属于省市级的博物馆有 100 多个。参观人数方面，2017 年，法国 130 家博物馆接待的本土和海外游客已达 2700 万人。相比英国、法国，美国博物馆发展时间不长，但凭着强大的经济实力以及对历史文化教育的重视，美国博物馆行业发展迅猛，全国共有各类博物馆超过 35000 家。根据主题娱乐协会 TEA（Themed Entertainment Association）和 AECOM 数据，2017 年，美国排名前二十博物馆游客量合计达 5910 万，其中美国国家航空航天博物馆、大都会艺术博物馆并列第一。

目前，发达国家的博物馆已经成为大众文化休闲的重要场所，其发展模式已经趋于成熟，博物馆旅游产品丰富多样，能满足不同类型的旅游者的文化需求，国外博物馆旅游已经成为文化旅游发展的重要载体和城市乃至国家形象的展示窗口。随着社会及旅游业的发展，博物馆同旅游业将会更加紧密地结合起来，这也说明，高品质的博物馆旅游已成为全球广受欢迎的文化旅游消费产品。

2. 我国博物馆旅游的发展历程及现状

（1）我国博物馆及博物馆旅游的发展

中国博物馆的历史同中国社会的发展和文化教育的进步有着密切的关系。封建社会的收藏是属于统治阶级的专利，直至19世纪下半叶才提倡引进了西方类型的现代博物馆。中国最早的近代意义上的博物馆是由外国人办的，如1868年法国神父韩伯禄在上海徐家汇建立震旦博物院，也称徐家汇博物院；1874年英国皇家亚洲文会华北分会在上海建立亚洲文会博物院；1904年法国人在天津设立华北博物院。1905年，中国博物馆建设的先驱者张謇创建了第一座中国人自己办的博物馆——南通博物苑，开了中国民族博物馆事业之先河。中华民国成立(1911年)以后，中国博物馆事业有了一定发展，1926年10月历史博物馆正式开馆，这是中华民国成立以来第一个由国家开办的博物馆。1935年4月，中国博物馆协会成立。1948年底到1949年初，国民党政府将故宫博物院、中央博物院筹备处几十万件馆藏精品分三批运往台湾，旧中国的博物馆事业走到了尽头。

新中国成立以来，博物馆事业得到了迅速发展和提高。随着改革开放深入，中国的博物馆事业迎来了新的发展高峰，全国各地开始出现了一批具有重要影响力的博物馆，以其丰富的文物收藏、深入的学术研究和多样的社会活动而为人称道。截至2018年年底，我国博物馆已经达到5354家。每年举办近3万场各类展览活动，吸引着9亿多观众，博物馆的发展受到社会各界的广泛关注。

国内博物馆和旅游的结合，和我国旅游业的发展阶段相辅相成。我国改革开放以后，随着社会经济的发展，旅游业呈现出日趋兴旺的势头。各地在旅游资源的开发中，自然而然地把眼光对准了博物馆。改革开放初期，我国博物馆的接待量也达到了顶峰。这个阶段我国的主要旅游者是入境旅游者，而博物馆提供的旅游产品主要是通过文物的陈列及展览向入境旅游者展示我国悠久的历史和古老的文化，符合入境旅游者的需求。随着国内旅游的开展，博物馆旅游的市场范围迅速扩大，不仅吸引外国游客和专业研究人员，越来越多的普通大众也对博物馆产生了兴趣。

但是，在我国旅游业蓬勃发展的时期，博物馆旅游却出现了门庭冷落的现象，不管是年游客接待总量，还是根据博物馆展览陈列个数得出的平均参观人数，都呈现出总体下滑的趋势。特别是实行双休日和黄金周假期制度后，人们的休闲活动剧增，博物馆的旅游产业却没有得到迅速发展，全国博物馆中大多数状况并不理想。造成这一局面的原因是多方面的：结构不合理、经营管理落后、资金短缺、市场意识不强等。特别是由于传统观念的影响，博物馆界还将博物馆的主要功能仅仅限定在馆藏、研究、教育上，对博物馆的休闲娱乐功能认识不足，相应的旅游产品开发不足。

2008年，中宣部、财政部、文化部、国家文物局1月23日联合下发《关于全国博物馆、纪念馆免费开放的通知》。根据通知，全国各级文化、文物部门归口管理的公共博物馆、纪念馆、全国爱国主义教育示范基地全部实行免费开放。全面免费开放政策以来，我国博物馆年参观人次从2.8亿增长到9.7亿，数十家博物馆年参观人数超过百万，居于世界领先水平。博物馆观众结构日益多元，未成年人、低收入群体、农民工、村镇居民参观博物馆热情高涨。在博物馆的数字化应用方面，我国紧跟世界潮流，1998年8月，河南博物馆设立了首家国内博物馆互联网网站，之后，随着互联网技术的快速发展，国内博物馆先后建立互联网网站。传统博物馆积极利用新技术的变革，对自身功能进行进一步阐释及深化，设施更加齐全，文化辐射力进一步增强，正成为城市的新名片。根据文化和旅游部数据，1996-2017年中国博物馆规模逐年快速增长，1996年仅有1219个，到2017年，博物馆数量达到4721个，占文物机构的47.5%。

（2）我国博物馆旅游发展现状

近年来，我国博物馆适应文旅融合趋势，扩大视野，顺势而为，主动与旅游市场对接，各类博物馆充分发挥自身优势，赢得市场份额。根据中国旅游研究院发布的《2019上半年全国文化消费数据报告》显示，"参观博物馆、文化古迹"

已成为国民文化消费的重要方式。同时，随着文旅融合的进一步加深和发展，越来越多的游客也把参观博物馆作为感知旅游目的地的必要活动，博物馆在旅游高质量发展中所起的作用日益凸显。据国家统计局数据显示，2006-2017 年，中国博物馆参观人次呈逐年上升趋势。2017 年，全国文物机构接待观众 114773 万人次，其中博物馆接待观众 97172 万人次，增长 14.2%，占文物机构接待观众总数的 84.7%。

文物部门与中国移动、腾讯、百度、网易等知名企业签订战略合作协议，鼓励社会力量参与博物馆建设，通过技术平台的引进，将智慧博物馆由理论推向实践。众多博物馆积极应用大数据、云计算、人工智能技术，建立与公众的"超级链接"，通过门户网站、手机 APP、公众号等多种渠道，集中展示精美文物，讲好文物故事，不断创新文物传播方式。国家出台了一系列政策措施，鼓励博物馆开发文化创意产品，延伸博物馆产业链，我国博物馆旅游进入蓬勃发展的新时代。

3. 博物馆旅游发展趋势

（1）国外博物馆旅游发展趋势

目前，全球旅游业的发展势头日益迅猛，旅游业发展的同时也驱动着博物馆的发展。同时，博物馆又促进旅游业更兴旺，参观博物馆成了旅游的重要项目。从世界范围来看，西方国家的博物馆旅游呈现出以下趋势：

一是主题类型多样化。国外博物馆的主题几乎无所不包，既有规模较大的国家博物馆，更有众多的地方博物馆和小众博物馆。博物馆的主题和类型包括自然、人文、军事、艺术、技术、时装、电影、乐器、食品、玩具等。以德国为例，小众的博物馆有科隆的巧克力博物馆、纽伦堡的玩具博物馆、美因茨的印刷博物馆、亚琛的报纸博物馆、莱比锡的乐器博物馆、法兰克福的建筑博物馆、波鸿的采矿博物馆、富特旺根的钟表物馆等。此外，德国主要的小汽车公司，如宝马、大众、奔驰和保时捷都有自己的博物馆。

二是活动设计休闲化。近年来，博物馆的休闲功能越来越得到国外博物馆的重视，博物馆通过组织多样化的、休闲性的活动为游客提供轻松愉悦的社交体验。

例如美国的大型博物馆经常举办诗歌朗诵、戏剧表演、食物品尝、社交招待会、馆内音乐会、参观展览、假日家庭活动等，采取多种形式吸引观众；加拿大安大略科学中心，为使更多的人观看他们的展品，把一部分展品装入一个大拖车里，沿途进行表演，人们把它称为"科学马戏团"等。显然，博物馆不再是停留在研究、教育层面的高冷殿堂，而是面向大众，成为普通人休闲娱乐的新选择。

三是服务管理人性化。国外绝大多数的博物馆非常注重人性化的服务，充分尊重游客的习惯和权利，尽量让游客在游览过程中感到舒适、自然。如为方便残疾人建有轮椅专用车道，大型博物馆建有地下车库，一般博物馆设有小卖部、出售饮料的自动出售机，还有的馆设有餐厅、观众休息厅及儿童活动场。所有这些，都是以游客需求为中心，多方为游客考虑，从而抓住游客的心。此外，随着数字化时代的到来，博物馆服务大众的方式更为便捷灵活。例如英国利物浦国家博物馆，近年来通过远程访问博物馆、远程教学等新方法，让观众足不出户就能欣赏到精美的文物，学习博物馆相关知识。同时，利用新技术对藏品进行管理，把一些藏品资料上传到网络，供学者们从网上下载这些资料进行学术研究。

四是发展战略全球化。当前，世界博物馆发展已进入全球化时代。以美国为例，2016年2月24日发布的《美国博物馆联盟战略规划（2016-2020）》就提出全球化思维，鼓励全球范围内的观念交流，以开拓美国博物馆的视野，推动美国博物馆与世界各地的博物馆建立联系。在全球化的背景下，博物馆旅游的运营与行销也发生了深刻的转变，一些国际著名的博物馆相继在异地或者他国开设分馆。例如1977年建成开放的法国巴黎蓬皮杜艺术中心，是世界上最大的现当代文化艺术中心，与卢浮宫、奥赛博物馆并称为巴黎的三大艺术宝库。2019年11月5日，蓬皮杜艺术中心继马拉加和布鲁塞尔之后在国外的第三个分馆在我国上海揭幕，以此吸引中国游客到巴黎参观蓬皮杜中心。

（2）我国博物馆旅游发展趋势

近年来，我国博物馆旅游创新经营发展的理念和服务意识，逐渐缩小与世界博物馆强国的差距。对比国内外博物馆旅游的发展，我国博物馆旅游呈现以下发展趋势：

一是文旅融合，呈市场化创新发展的趋势。目前，我国博物馆旅游与文化产业的融合发展正当其时,《国家宝藏》《如果国宝会说话》《我在故宫修文物》等节目热播,"文物带你看中国""故宫社区""数字敦煌"等精品展示促进了游客对于博物馆品牌文化的理解和认识。除此之外,博物馆深厚的文化内涵与丰富的历史遗存,十分适合文化展览、专题研讨会、学术成果发布等专业展会。此外,博物馆巨大的 IP 价值也吸引着越来越多的商业节事会展活动,"以展带会,以会促游"的模式进一步丰富了博物馆的文化旅游活动。

二是国际化交流,呈彰显中华文化影响力的趋势。博物馆是保护和传承人类文明的重要殿堂,是连接过去、现在、未来的桥梁,在促进世界文明交流方面具有特殊作用。近年来,随着世界博物馆全球化趋势的日益加强,我国博物馆国际合作交流也呈现出多层次、多渠道、全方位的发展势头,一系列高级别、高规格国际论坛的相继举办,信息交流、人员培训、文物返还等方面取得的大量实质性成果,都是我国博物馆日益走入世界舞台中心,在世界经济、文化、政治全球化进程中不断自我提升的表现。所有这些,对于我国博物馆旅游的多元化发展起到推广作用。

三是关注游客需求,呈多功能融合的趋势。据相关数据显示,2018 年我国国民平均出游 3.7 次,并在 2019 年突破 4 次,达到发达国家的门槛水平。在总量不断增长的同时,游客对旅游品质的要求不断升级,传统走马观花式的旅游方式已无法满足游客需求,越来越多的游客期望参与具有文化内涵的深度游,特别是博物馆、美术馆、演艺、节庆等公众文化活动。与游客日益旺盛的博物馆旅游需求相比,我国博物馆的展示方式、讲解服务、活动组织、服务设施等方面亟需向休闲、娱乐等功能转变,纯粹的系统教育学习已不适应大众,轻松、休闲、寓教于乐的博物馆之行愈来愈受到游客青睐。

四是互联网时代,呈新技术全方位应用推广的趋势。互联网作为当今时代最具发展活力的新技术,已经全面融入生活的方方面面,也使博物馆旅游依托互联网时代的技术与平台能将博物馆所拥有的优秀文化资源最大程度与游客分享,并把传统文化的内涵用富有创意的技术方式普及并传递下去。目前在我国,VR、3D 打印、手机移动客户端开发等新兴技术的涌现已经让数字博物馆衍生出了更多的表现形式,并进入智慧博物馆形态。故宫便是其中佼佼者,从数字故宫到故宫淘宝，再到故宫游戏、故宫社区……故宫博物院已搭建起以故宫官方网站为核心和主入口，由网站群、APP应用、多媒体数据资源等各种信息平台组成的线上、线下互通互联的聚合平台。因此，强化"博物馆+"，提供更原真性的体验环境和活动项目已是我国博物馆旅游的大势所趋。

四、博物馆旅游的开发内容

1. 博物馆展品的陈列与展示

博物馆以自身鲜明的特色和深厚的文化内涵为旅游业提供了优质资源，博物馆可以依托文物藏品开办陈列展览，为文化旅游提供独具特色的历史文化支撑。

2. 专题展览及配套旅游产品开发

博物馆还可以举办一些主题突出、内容新颖的专题展览，如科技、民俗、生态、遗址、地矿等。特别是专题博物馆的旅游文创产品是推动博物馆与旅游业产业融合发展的有效连接点。

3. 博物馆文化教育活动

为了加深博物馆的影响力，开展一些大型文艺或教育活动，能增加人们对当地历史、风俗的理解，感受文化与艺术的气息，获取科学与自然的知识等。

4. 配套旅游景点及服务设施开发

在博物馆游览的基础上，可针对博物馆展示的内容进行相关旅游景点的开发，如根据历史记载及考古资料，对原有博物馆遗址进行适当建设和扩大，和博物馆一起为游客提供一个集知识教育、风景欣赏为一体的综合旅游体验。此外，配套开发符合博物馆主题特色的酒店、餐饮设施，满足游客休息、用餐的需求。

5. 大博物馆旅游综合体开发

大博物馆旅游综合体开发，就是通过对博物馆文化旅游资源的创新开发、重新开发、整合开发和补充开发，形成具有一种或多种文化主题，这种集教育、研究、休闲、娱乐、度假、商业等多种功能的博物馆文化综合开发方式，既赋予了已开发的传统博物馆新的旅游功能，也包括了对有潜在博物馆旅游资源的地区进行多重旅游功能的开发。

第二章　博物馆旅游发展的意义

一、博物馆旅游的必要性

1. 都市旅游提升吸引力的需要

都市旅游是指在经济发达的大城市中进行的以商务会议、探亲访友、文化修学、观光购物以及游乐休闲为目的的旅游活动，是以现代化的城市设施为依托，以该城市丰富的自然景观和人文景观以及周到的服务为吸引要素而发展起来的一种旅游方式。博物馆是解读一个国家、地区、城市文化繁荣的窗口，随着都市旅游的日渐兴起，博物馆已成为旅游业尤其是都市旅游的一项重要特色旅游产品。

通过博物馆旅游，打造"以文塑旅、以旅彰文"的发展路径，是解决博物馆活化的重要措施。博物馆及其馆藏文物具有较高的历史人文价值、美学价值、教育价值和文化体验价值，是重要的文化资产和旅游吸引物，在都市旅游产品体系中独具品位和价值内涵，在多方面构建了文化旅游产品的重要功能。国外博物馆旅游已经成为文化旅游发展的重要载体和城市乃至国家形象的展示窗口。如英国大英博物馆是该国最受欢迎的旅游景点之一，2018年接待世界游客600万人次，其中，最受欢迎的是中国主题馆，最大的群体是中国游客。这说明，高品质的博物馆旅游是广受欢迎的文化旅游消费产品。

大英博物馆

2019年，博物馆主题游热度持续上涨，在穷游网站内相关内容增长量超150%。盘点世界前五位的博物馆，世界闻名的"巴黎卢浮宫"稳居第一，北京故宫位居第二，伦敦大英博物馆、西安的陕西历史博物馆、纽约大都会仪式博物馆紧随其后。由此可见，博物馆旅游已经成为都市旅游产品重要的吸引力。

巴黎卢浮宫

2. 满足人们对旅游产品精神层次的需求

随着人民文化水平提高和生活的不断改善，对高层次的精神需求愈来愈强烈，旅游逐渐成为人们休闲娱乐的首选，旅游热已成为一个明显的社会现象。我国有数千年的文明，文化遗产资源丰富，向来是最引以为傲的旅游资源，而博物馆作为这些资源的重要展示场所，其发展也慢慢受到重视，越来越多的游客希望通过旅游真正地了解旅游目的地的历史溯源、民俗文化、风土人情，并能在有限的旅游时间内进行全方位的体验。

如今，"跟着博物馆去旅行""为一座馆，赴一座城"正在成为越来越多游客青睐的旅游方式。2019年1-4月，驴妈妈旅游网平台以"博物馆"为关键字搜索及预订旅游产品的人次比去年同期增长了45%。其中，湖南省博物馆和秦始皇兵马俑、故宫博物院等成为最受欢迎的10家博物馆。由此可见，人们对旅游的认识不再停留在"看山看水看风景"阶段，开始走向"观文品史、体验生活"的新阶段，博物馆正是实现人们这一旅游动机的最合适的载体，因此，从市场需求来讲，发展博物馆旅游有非常大的市场潜力。

秦始皇兵马俑博物馆

3. 博物馆管理体制改革创新发展的需要

在我国，博物馆大多是全民所有制的公益事业单位，采取的是分系统和分级相结合的管理体制，即根据博物馆规模大小、藏品多少、社会地位和社会影响的不同，分别由中央、省（直辖市、自治区）、地（市）、县（区）四级有关行政部门实行分级管理，国务院有关部门通过各省（直辖市、自治区）有关厅（局）对地方的博物馆进行业务指导，这种管理体制在很大程度上维持了我国博物馆的稳定与发展，但是，不仅博物馆的社会功能不能得到充分发挥，博物馆的经营也在很大程度上缺失了活力，束缚了博物馆的创新发展，发展博物馆旅游，加大博物馆与旅游业的进一步融合，用旅游企业的管理模式经营博物馆旅游，广泛吸纳社会力量参与运行和监督，为博物馆的可持续发展提供重要推动力。

从经营的角度看，旅游企业的运作可以为博物馆提供市场信息和新的消费导向，而博物馆能为旅游企业提供消费所依托的产品形式。通过博物馆旅游的发展，博物馆可以达到市场拓展的目的，从而弥补开发手段落后所导致的机会缺失；对于旅游行业，通过这种结合可以丰富旅游产品形式，提升产品品位，提升竞争力。

4. 文旅融合背景下我国博物馆迎接新挑战的需要

党的十九大报告指出我国社会主要矛盾已经转化为人民日益增长的美好生活需要和不平衡不充分的发展之间的矛盾。同时，旅游、文化、体育、健康、养老作为"五大幸福产业"的重要领域，随着国民经济社会的不断发展呈现出更旺盛的市场需求，而博物馆参观游览作为文化和旅游产业相融合的产物，兼具艺术观赏、历史溯源、科学研究、教育推广等方面的价值与功能，逐渐成为公共文化服务和旅游发展的前沿阵地与有效载体，同时也成为提升民众文化精神消费和生活幸福感的重要途径之一。

2018年，我国原文化部和原国家旅游局合并为"文化和旅游部"，文化和旅游融合发展正式提上日程。博物馆是公共文化服务的机构，文旅融合背景下，自然成为文化和旅游融合发展的前沿阵地和载体。文旅融合为博物馆进一步发挥价值和功能提供了新的机遇。从国际视野看，近年来，世界知名博物馆每年都要接待上百万游客，是博物馆文化与旅游融合发展的典范。

美国航天博物馆

5. 旅游发展存在停滞，线上博物馆成为重要手段

中国旅游业每停滞一天，损失可能超过 170 亿元，这是业界权威专家根据 2019 年旅游收入估算出的数据，也是身处新冠肺炎疫情中的旅游企业必须要面对的严峻事实。2020 年是中国关键的一年，旅游业是受疫情影响较大的"重灾区"，目前全行业已基本处于无收入状态，旅行社损失显著，线上服务商也都在咬牙坚持。从携程、飞猪、去哪儿网、马蜂窝、中青旅遨游网、途牛等 OTA 处获悉，从新型冠状病毒肺炎疫情爆发以来，各平台均接到大量的旅游产品及相关服务退改签需求，经过逐轮升级免费退改签范围后，多家 OTA 垫资都已达数亿元规模。

在国家文物局的指导下，中国国家博物馆、山西博物院、敦煌研究院、南京博物院、湖南省博物馆、浙江省博物馆、辽宁省博物馆、山东博物馆、广东省博物馆联合在抖音推出"在家云游博物馆"活动，通过直播、360 度全景逛展等形式，丰富人们的精神文化生活。"在家云游博物馆"的播放量截至 2020 年 2 月 23 日 9 时已达 2676 万次，其中，中国国家博物馆的"回归之路——新中国成立 70 周年流失文物回归成果展"点赞量达 17.4 万。

自新冠肺炎疫情发生以来，中国各地公共文化服务场所暂停开放，但不少博物馆、出版单位、文化企业等免费开放更多数字资源，让公众享受不同形式的在线服务。如学校还未开学，山西省太原市民白艺研和10岁的女儿宅在家里"云游"起了故宫，上小学四年级的女儿非常感兴趣，看完还会考考妈妈。"视频是免费的，生动、详细、通俗易懂。"白艺研说，她本来计划寒假时带女儿去逛故宫，但因为疫情没有去成，后来从公众号里看到这个视频课，就跟孩子一起学习。"一节课只有10分钟，特别长知识，我以前去过故宫也不知道庑殿顶、脊兽是什么。"

"我要去故宫"公益视频课由故宫博物院与中信出版集团合作打造。10节课通过介绍午门、太和殿、乾清宫等主要建筑，带领小朋友们探索紫禁城600年的奥秘。故宫博物院院长王旭东说，这是他们送给小朋友们的一份文化大礼，希望更多小朋友通过线上课程走进故宫，了解宫廷建筑、历史文化、文物精品，爱上中华优秀传统文化。

危机孕育转机，转机产生商机。整个行业本身敏感、脆弱，在受到灾害、疫情影响的情况下，博物馆旅游率先利用AR、VR技术开发线上旅游产品等进行宣传，创造新的消费模式，因此，随着疫情逐步好转，旅游需求势必会出现恢复性反弹，博物馆旅游行业"小阳春"未来可期。

二、博物馆旅游的可行性

1. 产业融合的发展趋势提供了理论支撑

从产业创新和产业发展看，产业融合是指不同产业或同一产业内不同行业在技术与制度创新的基础上相互渗透、相互交叉，逐渐融为一体形成新型产业形态的动态发展过程。其本质上是由于技术进步、管理创新而导致不同产业边界模糊或消失，形成了一大批边缘性交叉产业或新交叉业态。产业融合是现代社会各行各业发展的趋势，现代化经济体系通过产业融合实现产业升级。国外产业融合起步早、发展成熟，而我国尚处在产业融合发展的初级阶段，博物馆文化与旅游业的融合所形成的博物馆旅游正是产业融合后的交叉产业，是众多产业与旅游产业融合的表现形式之一。

2. 国家相关法律文件提供了政策支持

根据我国《博物馆条例》（国务院令第 659 号）的定义，我国的博物馆是非营利组织。国家相关部门先后出台的《关于全国博物馆、纪念馆免费开放的通知》《关于推进文化创意和设计服务与相关产业融合发展的若干意见》《博物馆条例》《关于进一步加强文物工作的指导意见》《关于推动文化文物单位文化创意产品开发的若干意见》《国家文物事业发展"十三五"规划》，以及由文化和旅游部办公厅和国务院扶贫办综合司联合印发的《关于支持设立非遗扶贫就业工坊的通知》、文化和旅游部办公厅出台的《关于大力振兴贫困地区传统工艺助力精准扶贫的通知》等政策意见，为博物馆免费对外开放、支持民间私人博物馆发展、加快文化创意产品开发设计、更好发挥非物质文化遗产在旅游扶贫当中的价值和作用等提供了方向指导，为博物馆文博事业的发展提供了有力的政策支撑，并营造了良好的社会共建共享环境氛围，因此，发展博物馆旅游符合国家政策规定，且是国家鼓励的方向。

3. 博物馆数量和接待量的提升为市场提供了坚实的载体基础

近年来，随着展陈方式的不断更新和手段的日益多元化、展品类型的不断丰富和数量的不断增加，国内博物馆发展取得了显著成效。博物馆及展陈数量方面，根据国家文物局发布的数据，截至 2018 年年底，我国博物馆已经达到 5354 家，较 2017 年增加 218 家，其中，免费开放博物馆数量为 4743 家，占博物馆总数的 88.6%，全国平均 26 万人拥有 1 座博物馆，北京、甘肃、陕西等一些省份甚至已达到 12 万 –13 万人拥有 1 座博物馆。博物馆接待观众的数量方面，据不完全统计，2012 年全国博物馆观众总数还只有 5.6 亿人次，而 2019 年春节期间，全国旅游接待总人数 4.15 亿人次，其中，参观博物馆的游客比例高达 40.5%。在观众数量方面表现出惊人的增长速度。

4. 博物馆与旅游经济共生互动提供了共赢基础

博物馆虽为非营利性机构，但却为旅游经济提供了一种深厚的文化类资源，提升了城市的人文价值。国内外的一些旅游线路经常会将旅游目的地的博物馆纳入其中，作为非常重要的行程特色，尤其是对研学旅游来讲，博物馆更是深受中小学生的青睐。另一方面，旅游经济为博物馆的发展带来更大的展示空间和市场契机，让博物馆文化的魅力以巨大市场效益的形式得以认可。

目前，博物馆缺乏收入来源，以致于出现靠财政拨款维持运转，进一步发展出现困境，而博物馆旅游的运作能克服这些困难，反哺博物馆。博物馆旅游经济是博物馆与旅游经济的有机结合，博物馆的加入为地区旅游吸引了更多的游客。博物馆旅游经济不仅解决了博物馆在发展过程中遇到的资金困难等问题，拓宽了资金来源渠道，还实现了馆藏文物内所蕴含的历史文化知识的广泛传播。

抖音"在家云游博物馆"活动

5. 科技的更新换代为博物馆旅游体验化、互动化提供了支撑

5G信息技术、互联网信息技术、数字技术、虚拟现实技术、人工智能技术等科技的进步为博物馆发展插上了腾飞的翅膀，并衍生出微信、微博、短视频、APP等众多交互媒体平台，为今后博物馆智慧化发展指明了方向，促使博物馆的展陈质量和水平不断提升；文化装备产业的发展也助力博物馆旅游产品丰富化、体验方式深度化，使博物馆从传统的说教式展陈向多样化、复合型、互动式的展陈方式转型，从而提高了观众的旅游体验质量。

对于已历经600载沧桑的故宫来说，在新技术方面的大胆尝试总能不断给观众带来新惊喜。2018年5月，故宫博物院就曾推出高科技互动艺术展演《清明上河图3.0》，运用多种高科技互动手段，为观众营造出虚实结合、人存画中的独特体验。古书画界有"纸寿千年，绢八百"的说法，借用技术手段完成的国宝展演，正是在保护文物不受损和满足公众文化需求之间找到的平衡点。事实上，展演中的超高清巨幅互动长卷将原画放大约20倍，采用双8K超高清投影技术（分辨率相当于普通电视的140倍)，动态效果展现了当年汴京繁华的市井百态，不失为一种令人称赞的科技创举。同时，数字故宫的建设也为历史建筑无法实现100%对外开放提供了解决方案。借助数字博物馆，观众可以在数字地图上了解故宫中任何一栋古建筑的信息，也可以用虚拟现实技术"走进"乾隆皇帝的三希堂，"端坐"养心殿的体验。

始于20世纪80年代的敦煌莫高窟数字化，历经近40年的努力，目前已完成180余个洞窟壁画的数字化采集、120余个洞窟的全景漫游和140多个洞窟空间结构的三维重建，为"墙壁上的博物馆"里文化宝藏传至久远、永续保存提供了更多可能性。2016年，"数字敦煌"资源库上线，第一期30个经典石窟绝大多数都未对游客开放，但在线上，观众可以大开眼界、大饱眼福。"数字敦煌"资源库里，莫高窟无惧时空阻隔和褪色风化，美丽永存，焕发出新的活力。

数字故宫体验展

得益于技术的赋能与加持，观众能够与文化遗产距离更近、接触更频，博物馆的参观方式也"更潮更有趣"，展示出与时俱进的发展态势。

敦煌莫高窟数字展示中心

三、博物馆旅游的重要性

1. 博物馆开放"夜场"为旅游增添活力

随着生活水平不断提高,人们对文化需求不断提升,博物馆作为文化重地,日渐走出"冷宫",助力于满足人民对美好生活的向往。据中国旅游研究院测算,2019年春节期间,全国旅游接待总人数4.15亿人次,其中,参观博物馆的游客比例高达40.5%。2019年元宵节,故宫首开夜场,迎"上元之夜",千里江山图、清明上河图在古城墙上闪耀展示,一时让这个"最大的四合院"亮起来。

博物馆开放夜场,不仅能获得一定的社会效益和经济效益,更重要的是表现社会所需,反映公众所想,满足专业所求。开放夜场将扩大博物馆在城市中的社会地位以及在公众中的影响。随着博物馆延长开放时间到晚上成为一种常态,将给所在城市的公众生活带来积极影响。因为到了晚上,不管多么繁华的城市,其夜间活动总有一定的限度,最为常见的是歌厅、酒吧、影剧院等,而博物馆的加入则为城市夜间休闲和消费增添了更多文化色彩。

夜场活动受季节性影响比较大,夏季是夜场活动最受欢迎的季节,而夏季正是旅游行业的旺季。每当暑期旅游旺季到来，亲子游、研学游成为市场主力，各大旅行社早早地推出了丰富的暑期旅游线路，迎接暑期旅游旺季的到来。

旅游业界将2017年称之为"研学旅行元年"，这一年众多研学旅游企业获得良好的发展。这一年的几份标志性文件都将"研学旅行"与"博物馆"进行连缀和关注。2017年1月，原国家旅游局发布《研学旅行服务规范》，对服务提供方、人员配置、研学旅行产品、服务项目、安全管理等几大类内容进行了详细规定，其中明确将知识科普型研学旅行主要分为各种类型的博物馆、科技馆等资源。2017年8月，教育部印发的《中小学德育工作指南》也明确强调，中小学可利用历史博物馆、文物展览馆、物质和非物质文化遗产地等开展中华优秀传统文化教育。由此可见，博物馆已经是从小学生到研究生必不可少的第二课堂，在教育功能上已能与学校相提并论，因此，博物馆旅游的开展是补充旅游行业研学旅游、亲子旅游以及科教旅游市场的空白。

夜场不应只是错峰，还应让大家在这个时间有不同于白天的享受，博物馆开放"夜场"，能让市民多一个文化去处，城市多一点文博味道，这是文化惠民的必答题，也是吸引亲子旅游市场、研学旅游市场的夜间消费人群的重要旅游产品。开放夜场能够让更多人走进博物馆，对于提升公众文化艺术修养大有裨益。对于博物馆来说，只有提供优质产品才能融入城市晚间休闲和消费体系，进而增强其在城市夜间经济的影响力；对于城市而言，博物馆延长晚间开放时间，回应了所在城市的文明水平和文化消费需求，使城市夜间经济更具活力。

2. 推进博物馆旅游发展是促进文旅融合发展的重要途径

文化自信作为新时代的课题，为文化产业和文化事业的发展提供强有力的支撑，也为新时代文化和旅游事业发展提供了根本遵循，文旅融合新时代已经到来。2019年全国文化和旅游厅局长会议上提到要坚持"宜融则融、能融尽融"，找准文化和旅游工作的最大公约数、最佳连接点，推动文化和旅游工作各领域、多方位、全链条深度融合，实现资源共享、优势互补、协同并进，为文化建设和旅游发展提供新引擎新动力，形成发展新优势。

大力推进博物馆文化旅游发展是促进文旅融合发展的重要途径。我国历史悠久，长期发展中保留了数量庞大的文化主题和文物遗存，支持形成了主题各样、形式各异的博物馆旅游体系。通过博物馆旅游，打造"以文塑旅、以旅彰文"的发展路径，是解决博物馆活化的重要措施。博物馆及其馆藏文物具有较高的历史人文价值、美学价值、教育价值和文化体验价值，是重要的文化资产和旅游吸引物，在都市旅游产品体系中独具品位和价值内涵，在多方面构建了文化旅游产品的重要功能。

国外博物馆旅游已经成为文化旅游发展的重要载体和城市乃至国家形象的展示窗口。高品质的博物馆旅游是广受欢迎的文化旅游消费产品，而中国的博物馆拥有着世界上规模较为庞大、价值较为珍贵的馆藏文物，在当前文旅融合发展的背景下，关键是如何激发公众对博物馆旅游的兴趣、激活博物馆向游客群体开放。

博物馆旅游通过文化遗产的展示和参与性体验，可以创造愉悦的文化遗产教育和传播体验，是游学而不是游乐，是提供高质量文化旅游服务的重要抓手，也是探索新时代文化遗产保护和利用融合模式的积极示范窗口。

3. 博物馆旅游为乡村振兴提供新路径

乡村振兴战略是习近平同志 2017 年 10 月 18 日在党的十九大报告中提出的战略，提出农业农村农民问题是关系国计民生的根本性问题，必须始终把解决好"三农"问题作为全党工作重中之重。乡村旅游是乡村振兴的重要动力，大力发展乡村旅游是实施乡村振兴战略的重要抓手。发展乡村旅游，有利于实现产业兴旺，打造生态宜居空间，实现村民生活富裕，有助于实现乡村的乡风文明，形成治理有效格局。是推动乡村经济繁荣的新型产业手段，能够在乡村振兴战略中将发挥新引擎作用。

而在乡村发展博物馆旅游，能将地方的人文、自然、产业等各领域资源串联，这样的形态有时候就要求打破地域和资源行政划分的壁垒。这与国务院提出的全域旅游政策不谋而合。乡村的博物馆旅游，是极为重要的乡村旅游体验内容，与地方的观光旅游业息息相关，能够作为地区旅游的核心吸引物，吸引游客，而游客又在其中完成内容体验和消费。

临江坡口乡村博物馆

每个乡村都有属于当地的历史文化遗产或者产业，对已经消失的或者失去原有保存条件的遗产进行发掘和展示，则是构建乡村博物馆核心设施的重要内容。由于这种展示的方法主要与地区历史演变的时间线有关，可以看作是"时间博物馆"。

乡村博物馆是博物馆"贴近实际、贴近生活、贴近群众"的一种探索途径。目前中国许多乡村已经出现了村民自发建立或政府资助建立的乡村博物馆，虽然数量不多，专业水平不高，但却深受百姓欢迎。例如：山东省2015年公布第一批"乡村文化记忆工程"名单，其中乡村博物馆56个。"当前中国农村存在的问题不仅仅是农村经济的贫困，也不仅仅是农村政治的不民主，更主要是整个农村文明衰落的问题，是工业化背景下几亿农民失去文明自信心的问题。"乡村博物馆立足乡村，融入乡村人民的生活，是真正展示乡村文化、活跃民间交流、树立文化自信的平台，它既为村民提供了文化服务，也在悄然改变着村民的生活。

值得一提的是，乡村博物馆是学习人与自然相处模式、建立人与人之间互助关系的有效空间。从教育的角度来看，人们（特别是青少年）可以通过观测认知生物的特性，研究当地的生态系统，学习人与自然巧妙的相处方式。我们也在探索在这样的时空中，打造自然智能教育内容。我们可以在这样的空间中，营造各种活动。例如通过共同劳作或节日活动，可以培养人们协同一致、合力解决问题的判断力与行动力。这样的方式，一般通过工作坊来实现。通过工作坊，人们可以理解地方拥有什么样的资源，与自然环境、地域发展有什么样的关系，将来应该如何活用这些资源。

发展乡村博物馆是统筹城乡文化发展、促进文化大发展大繁荣的重要体现。作为博物馆事业发展的探索，乡村博物馆既是博物馆理论的实践，也是理论的检验与升华，从而引导我国博物馆事业健康发展，最终形成独具中国特色的博物馆体系。乡村博物馆的发展践行着"发展为了人民、发展依靠人民、发展成果由人民共享"的理念，为建设社会主义新农村、实现全面小康和构建和谐社会营造了良好的群众基础和文化氛围。故发展乡村博物馆作为一项艰巨而又深远的文化工程，是乡村振兴背景下的一条新路径。

4. 博物馆旅游赋能旅游新 IP

旅游 IP 是景区形象的认知物，可以是内容、产品、氛围、文化、故事，也可以是任何用来吸引游客的元素，通过旅游 IP 可以在繁杂的旅游市场中准确迅速定位到相关旅游景区或旅游目的地，并为旅游目的地带来游客流量，进而提炼旅游品牌、形象，实现价值变现。相比传统旅游，IP 旅游极大地丰富和完善了旅游产品的内涵及价值，在运营模式上，IP 旅游不同于传统旅游依靠基础设施投资建设景区、营造景观以获取投资收益，是通过文化资源的创意转化为旅游产品以获取文化附加值以及良好的综合经济和社会效益。

通过旅游 IP 植入，可打造富有鲜明主题性的旅游目的地和优质的旅游产品，满足游客对旅游产品多样化、个性化的需求，进而优化游客体验。旅游 IP 具有强内容力、高排他性和强识别性，利于景区设计独特的产品内容，在后续运营过程中，发挥旅游 IP 的多平台性、可分享性凝聚游客流量，增加游客重游率，提升客单价，提高经济效益。同时，旅游 IP 提升景区的吸引力和用户黏性，利于打造自身的竞争壁垒。

近年来，IP 开发的热度已从动漫、游戏、影视等行业，延伸至文博创意产业。博物馆不仅是景区，其浓厚的历史底蕴、丰富的文化价值，使得博物馆天然就是一个文化资源的大 IP。通过 IP 的产业化运作，在实现传统文化创造性转化的同时，还获得良好的经济收益，为博物馆的可持续发展提供了新动力。IP 开发与运营成为新时代博物馆旅游发展的必由之路。

英国铁桥峡谷

博物馆基于内容和故事进行 IP 开发，使博物馆旅游具有先天性优势。博物馆的每件藏品、每个元素背后，都有一个鲜活的故事，通过 IP 提炼它们更加厚重，更加独一无二。众所周知，铁桥峡谷是工业革命的象征，它包含了 18 世纪推动这一工业区快速发展的所有要素，包括矿业和铁路工业。附近有 1708 年建成的煤溪谷的鼓风炉，以纪念此地焦炭的发现。英国铁桥峡谷 (Ironbridge Gorge) 通过对原有的工业遗产进行保护，恢复遭受破坏的生态环境和建造主题博物馆的形式，发展旅游业，打造了由 7 个工业纪念地和博物馆、285 个保护性工业建筑为一体的旅游目的地，这是世界上第一例以工业遗产为主题的世界文化遗产，废旧厂房通过发展博物馆旅游"变废为宝"，挽救和盘活了铁桥峡谷这个一度走向衰败的老工业区，带动了每年给周边地区带来 2000 万英镑（1.9 亿人民币）的经济收益。目前国内有很多废旧老厂房、工业遗址等闲置资源，可以将工业遗产打包联动发展，整体建设成一个以博物馆旅游为主体的产品向市场进行推广，将原工业文化进行 IP 提炼，打造博物馆旅游的新 IP。

博物馆旅游的发展能带动周边产业的发展，特别是文创产品的发展，纵观国内外博物馆 IP 开发，主要是通过博物馆文化授权来实现这一途径。博物馆将拥有的商标、品牌、藏品形象及内容授予被授权者，进而进行文创衍生品的开发、售卖。博物馆按约定，获得相应的权利金。例如，2017 年由"抖音"联合国家博物馆等七家博物馆推出的"第一届文物戏精大会"，各家博物馆一改往日严肃高冷的形象，通过创意形式，拍摄视频，吸引了众多年轻人的关注和参与，博物馆也迅速成为众多品牌寻求商业合作开发的热门 IP。还有近两年火遍朋友圈的 IP "故宫"，堪称第一"网红"，通过各种周边创意产品，借助移动互联网与娱乐营销，迅速吸引了新一代的年轻粉丝，并与众多品牌如腾讯、饿了么等合作开发。

故宫文创产品

博物馆旅游不仅天然拥有中华文明标识的 IP 资源，在文创视角下，博物馆文化旅游产业先天还具有很高的产业关联性与融合性。随着互联网经济的崛起，通过 IP 授权，进行跨地区、跨行业、跨产业门类的合作发展是今后的必然趋势。

第三章 博物馆旅游的市场研究

一、国内外博物馆旅游市场现状

1. 国外博物馆旅游的市场现状

（1）国外博物馆功能与产品根据市场需求变化而提升

随着时代的发展及市场变化，博物馆的功能不断拓展，由单一的收藏保存某种藏品适当展示供人欣赏瞻仰向着研究、教育、休闲体验等功能发展。斯蒂芬(Awoniyi Stephen，2001)指出，现代社会的博物馆在社会中所承担的角色比传统博物馆更加丰富多彩，现代社会博物馆象征意义和实用功能相统一，能让更广大公众从中受益。博物馆是一个公众教育(非正式教育)的实施机构，同公众更加宽广的交互环境，促进了博物馆休闲娱乐活动的产生和发展。博物馆应在保持原有职能的基础上，在休闲环境的框架下，有效地研究、分析自身，以便在现代社会中提高自身价值。在国外较为发达的国家，城市发展相对完善，博物馆旅游市场活跃，博物馆本身已从普通的"访问"向着"游览"乃至"体验"发展，这就对现代博物馆自身的发展提高了要求。博物馆参观为传统意义上的"访问"，参观者通常属于受教育的被动地位，这就与博物馆及展品产生了某种认识意义上的距离。而博物馆"游览"则指的是从自身的需求出发，具有休闲意义上的参观作用。对于博物馆"体验"，是对博物馆旅游产品的感知及运用，不仅追求感受文化氛围及学习知识，还提高了对博物馆的建筑、环境、陈列品、解说方式及服务质量及开放时间、辅助服务设施的要求。这都将直接影响到博物馆旅游的形象及后续发展，同时也是各大博物馆旅游市场现状的主要突出问题。

由于部分外国国家文物的所有权与经营权属于分置状况，旅游市场的获客能力直接决定了博物馆的经营状况，这就使多数博物馆的经营变为随着市场的需求及创新产品来为自己增加盈利砝码。如法国半数以上的重点文物古迹是私人管理和经营的，直接由国家管理的重点文物古迹不足5%，市场需求很大程度上决定了私人经营模式，以卢浮宫为例，不仅紧跟现代化潮流，利用创新商业模式，还运用最新科学技术，不断开拓国际市场等手段，始终保持生机和活力，适应当下市场的发展；而意大利的做法则是由政府负责文物保护，私人或企业负责管理和经营，私人及企业将不断的深入市场，针对需求客源不断创新业态产品，以意大利锡耶纳科学学院博物馆为例，更多地把重心放在幼儿童观众的博物馆教育上，联合博物馆教育及早教，打造出了针对儿童客群的适应性经营方式。因此可见，私人和企业的介入，不仅有利于给博物馆带来新鲜的经营理念，有着更加广阔的筹资渠道及充满活力的人力资源，还具有敏锐的市场洞察力和市场适应能力。

（2）全球博物馆旅游市场总体呈上升状况，北美略显下滑

欧洲博物馆旅游市场成绩显著。根据AECOM与TEA发布《2018全球主题公园和博物馆报告》来看，截至2018年末，全球排名前20名博物馆的游客量总体相对稳定，从2017年的1.08亿人次小幅增加到2018年末的1.081亿人次，欧洲博物馆的游客量继续占据全球前20名博物馆游客量的大头，据统计全球前20名博物馆中9个欧洲博物馆占全球总游客量的48%。2018年，法国卢浮宫以1020万游客量蝉联第一，相比2017年同期的810万有显著增长。欧洲的博物馆作为全球市场的领导者，其成功和增长的因素除了不断开展特殊活动，与名人、设计以及相关主题IP的合作外，博物馆对于科技的利用也是又一成功因素。以2018年最红火的巴黎卢浮宫、荷兰阿姆斯特丹的梵高博物馆为例，2018年开始使用全新的在线售票系统，采用国人熟悉的"网售形式"，通过火热的线下名人活动造势，取得了不俗的现场效果。碧昂斯和Jay-Z在卢浮宫拍摄的音乐录影带引发了社交媒体的热议，吸引了不少原本对博物馆不了解的人群；此外，卢浮宫于2017年在阿布扎比设立的分馆，由明星建筑师Jean Nouvel设计，在开放的首年参观人次就过了百万。

北美博物馆市场有所下滑，在榜博物馆6个来自北美，榜单上的北美博物馆相比2018年同期呈现了游客量下降10%的趋势。与欧洲十分相似的北美博物馆，

其游客量的来源完全依赖于 block buster 展览、设施的改善以及较少的线下活动。相对保守的博物馆经营策略，使得华盛顿特区的国家艺术馆游客量下降近两成，呈持续下跌态势，北美博物馆运营者尝试通过大量的线下特殊活动挽回，虽然效果不错，2018年实现了游客量20%的增长，但单一线下活动的获客手段，并未起到特别关键的作用。

排名	博物馆，所在国家（地区）和城市	变化%	2018年游客量	2017年游客量	入场
1	卢浮宫，法国，巴黎	25.9%	10,200,000	8,100,000	付费
2	中国国家博物馆，中国，北京	6.8%	8,610,000	8,063,000	免费
3	大都会艺术博物馆，美国，纽约	5.1%	7,360,000	7,000,000	付费
4	梵蒂冈博物馆，梵蒂冈	5.1%	6,756,000	6,427,000	付费
5	美国国家航空航天博物馆，美国，华盛顿特区	-11.4%	6,200,000	7,000,000	免费
6	大英博物馆，英国，伦敦	3.8%	5,869,000	5,656,000	免费
7	泰特现代美术馆，英国，伦敦	-1.3%	5,829,000	5,907,000	免费
8	国家美术馆，英国，伦敦	9.7%	5,736,000	5,229,000	免费
9	自然历史博物馆，英国，伦敦	17.8%	5,226,000	4,435,000	免费
10	美国自然历史博物馆，美国，纽约	0.0%	5,000,000	5,000,000	付费
11	国家自然历史博物馆，美国，华盛顿特区	-20.0%	4,800,000	6,000,000	免费
12	国家艺术馆，美国，华盛顿特区	-15.8%	4,404,000	5,232,000	免费
13	中国科学技术馆，中国，北京	10.5%	4,400,000	3,983,000	付费
14	冬宫博物馆，俄罗斯，圣彼得堡	1.8%	4,294,000	4,220,000	付费
15	浙江省博物馆，中国，杭州	14.4%	4,200,000	3,670,000	免费
16	维多利亚和阿尔伯特博物馆，英国，伦敦	4.7%	3,968,000	3,790,000	付费
17	索菲娅王后国家艺术中心博物馆，西班牙，马德里	0.0%	3,898,000	3,897,000	免费
18	台北故宫博物院，台湾，台北	-13.0%	3,860,000	4,436,000	付费
19	美国国家历史博物馆，美国，华盛顿特区	0.0%	3,800,000	3,800,000	免费
20	南京博物院，中国，南京	11.2%	3,670,000	3,300,000	免费
2018年全球排名前20位博物馆总游客量			108,080,000	105,145,000	
2017-2018年全球排名前20位博物馆总游客量增长率		0.1%	108,080,000	107,967,000	

全球排名前20位的博物馆

（3）国外博物馆旅游市场更倾向于多功能结合的发展模式

通过分析国外博物馆的经营现状发现"商业化"的表现十分突出，一些博物馆的创新性旅游产品更加动感，更加人性化，更富有参与性，文化表现力的产品及服务形式多样尤为突显，博物馆旅游市场朝着多功能结合的模式发展。菲勒（Filler，1991）提出"商业化趋势已经将艺术作品推到一个次要的位置，人们对博物馆艺术作品的精神实质的关注逐渐呈现下降的趋势"，就拿蓬皮度国家艺术与文化中心来说，"城市中艺术的观景台"很好的解释了其作用，很多游客乘坐巨型透明观光电梯来到建筑的顶部，只为了饱览从高空俯瞰整个城市的风景，却不曾走进美术馆一步。还有，在很多当代的博物馆，艺术展品往往只占据了博物馆总体的一小部分区域，其余的大部分区域包括管理和员工区域、礼堂、演讲室、休息室、餐厅、纪念品商店和书店等。除此之外，通常还有为其他社会场合开辟的大片空间，如宴会、节日以及公众演出等。这种多功能结合的方式并不代表着博物馆原有功能的丧失和退化，只是说明博物馆文化同大众文化更好地结合在了一起。在不危及博物馆原有的功能和目的下，博物馆的发展趋势向着"一个大型商业集合体，一个多功能的殿堂，一个盛大华丽的宫殿，进而成为一个具有包容性的场所"。当下的博物馆旅游市场需求更多的是除了需要营造一个可供欣赏艺术作品的地方外，更重要的是营造一个提供学习、交流、研究和社会交往的地方。多功能结合的发展模式很好的阐述了"博物馆是一个多种要素的结合物"，中心是环境，环境将空间、藏品、参观者结合起来，其中可以提供影院、剧场、餐厅、书店等多种服务功能，这种多功能结合的发展趋势也必将是现代博物馆的发展方向，为参观者敞开了精神和肉体的双重大门。

（4）国外博物馆旅游市场时下火爆的产品类型

在现代科技发展的背景下，博物馆旅游市场产品类型不断丰富，创新性产品层出不穷。为了满足游客的需求，各大博物馆在自身优势的基础上，发挥领域特长，跨界合作，打造出了一批时下火爆的特色博物馆旅游产品。

一是博物馆+社交媒体、快闪展览，打造沉浸式体验的特色产品。以MORI Building team Lab为代表策划的展览，策展团队擅长将数字媒体及科技与艺术结合，以戏剧、音乐或是食物为主题，打造沉浸式氛围环境，极具艺术感，并倾向于在多个地点进行"快闪"，十分适合拍照及在社交媒体上分享。虽然价格较高，展览重游率较低，但能在短时间内吸引年轻人、家庭游客，以及在社交媒体上有影响力的人群。

二是博物馆+数字媒体及数据收集的定制和个性化体验。在全球多个城市巡回进行的"David Bowie Is"展览中,就运用了科技向参观者个人传达内容,从而令整个博物馆的体验变得个性化。

三是博物馆+新科技导览,位于俄罗斯首都莫斯科的犹太人宽容博物馆为参观者提供3D眼镜,游客佩戴眼镜即可身临其境地"感受"俄罗斯犹太人历史的各个场景。馆内还安装了多个可触摸大屏幕,游客可随意查阅在俄犹太名人们的故事,感受参观查阅的便捷性。

四是博物馆+智能系统,科技进步为博物馆带来了新的发展机遇,正如卢浮宫副馆长、数字化发展部门主任艾格尼斯·阿尔凡达瑞所说:"在今天,一个博物馆如果不能在各个运作层面使用新技术,就将坐失良机。"法国卢浮宫博物馆引进了"任天堂3DS"掌上视频游戏控制导游系统。该系统表现为一个可实时定位的交互式地图,使游客随时知悉其在馆内的具体方位,并可依据游客不同要求直接引导其前往想观赏的某一件或几件展品。除高科技导游系统外,卢浮宫还为每件展品提供了高清图片,即使参观者人多拥挤,游客们也可清晰地观赏达芬奇的《蒙娜丽莎》。游客在参观过程中还能够听到700多条关于艺术作品的音频评论,并可观看手语视频演示。卢浮宫还运用3D模拟技术展现《胜利女神像》,游客无须配戴特制眼镜即可观赏。目前,卢浮宫正在开发可供下载的智能手机和iPad应用程序,包括3DS音频游览程序的智能手机版。

五是博物馆+"特殊向导",创意性的为特殊客群展示博物馆的内容,增设触觉可以感受到的展品介绍。美国纽约现代艺术博物馆自上世纪70年代就开始邀请盲人参观展览,从最初的可触摸的雕塑展逐步扩展至画作等不允许触摸的作品。近来,纽约现代艺术博物馆还特意邀请了一批艺术家担任这些特殊参观者的向导,向导们的解说方式也别有新意。譬如,当让失明者"看"挪威艺术家爱德华·蒙克著名画作《呐喊》的一个版本时,向导先让大家张大嘴巴、双手掩面,模仿画中人物的姿势。英国遗产馆收藏着400多件历史文物,为方便失明游客"参观"文物、了解历史,该馆常年为盲人提供如语音导游等免费特殊服务。多数立体文物展,如雕像、木雕和石雕展,则允许失明者直接触摸。英国国民信托博物馆的免费游览手册,制作了标准字体与大字体印刷版、录像版、磁带版和盲文版。

有了这样宝典般的手册，盲人游客就可自由随意"看"展了。

六是"奇特博物馆"，近年来，国外出现了一批"特殊"的博物馆，整个博物馆针对日常生活中比较奇特的事物或事情而设立，通过"猎奇心理"来吸引人流，具有一定的影响力与扩张力。如日本第一个以妖怪为主题的博物馆三次怪物纪念馆、阿姆斯特丹酷刑博物馆、泰国Siriraj医学博物馆（死亡博物馆）、巴黎下水道博物馆、土耳其头发博物馆、美国拉普雷奇人异事博物馆、美国田纳西州调料瓶博物馆、德国面包博物馆等。

2. 我国博物馆旅游的市场现状

（1）我国博物馆旅游发展向市场创新进发

随着我国经济的发展及政策的改革，博物馆的形象发生了极大的转变。尤其是在文旅融合的大背景下，过去有些高高在上的博物馆开始变得亲切，一些冷清的博物馆也变得热闹起来。从2009年参观人次突破1000万后，2018年，北京故宫博物院参观人次首次突破1700万，不断刷新年度参观人数的纪录，成为世界上参观人数最多的博物馆。在国家博物馆举办的"伟大的变革——庆祝改革开放40周年大型展览"，参观人次突破300万；网上展馆点击浏览量突破3.677亿次。党的十八大以来，博物馆免费开放深入推进，公共服务效能显著提升，社会关注度不断提高。全国各个博物馆开始进行积极探索，不断扩大开放面积、推出丰富多彩的展览、开展博物馆教育，推动博物馆资源创造性发展、创新性转化，"新"成为博物馆发展的关键词。博物馆免费开放仅仅是第一步，如何提升展览水平，用文物讲好中国故事，是解决我国博物馆发展的核心问题。

第一是策展形式新。简单地将文物和标识一放，已经激发不了人们深入了解的兴趣，满足不了人们对文物探究的欲望，博物馆如何创新展示成为当下各大博物馆面临的首要解决问题，许多博物馆着眼于突出鲜明主题、革新展陈思路、培养专业的策展人员、创新人才培养机制、探索策展机制，将创新策展驱动作为核心竞争力。比如雨花英烈主题红色文艺作品展，以"信仰的光芒"为主题，把英烈文艺作品和当代文艺家、青年学生解读英烈精神而创作的作品结合起来进行巡展，让不同时空的文艺作品同台生辉，其结合展示达到了理想的宣传效果。

第二是博物馆文创产品新。古今创意结合，让人们在生活中领略传统文化之美，把博物馆文化带回家。近年来，各地博物馆不断开发文创产品，并完善体制机制，调动博物馆文创和相关开发人员的积极性。北京市出台的《关于推动北京市文化文物单位文化创意产品开发试点工作的实施意见》规定，允许文化文物单位以文创开发净收入的70%及以上奖励开发人员，给博物馆文创提供政策保障。博物馆文创的发展大力推动了博物馆旅游市场的发展。

第三是科技的进步、媒体的发展，给博物馆带来了新的可能。博物馆探索与各个媒介结合，给人们带来新的体验。央视的《国家宝藏》，用"文博＋文化＋文艺"的表现手法，让沉睡已久的文物与鲜活的人物故事结合，选择具有国家民族共同记忆的载体进行深度挖掘和创新，展现文物在国家经济社会发展进程中的光芒，激发人们的家国情怀。高科技互动艺术展演《清明上河图3.0》构筑出真人与虚拟交织、人在画中的沉浸体验等这些都通过传统文化的创新表达，深化人们对中华优秀传统文化的认识，引发人们内心深处的文化认同，这都大力推动了博物馆旅游市场的发展。

（2）我国博物馆旅游市场总体上升，部分国外博物馆将入市中国

在中国全域旅游及文旅融合等政策背景下，博物馆作为近年来颇受大众喜爱的休闲场所，游客增长率大幅增加。根据报告指出，在全球博物馆前20的博物馆中，中国博物馆入围5家。其中，相较2017年全球博物馆排名，浙江省博物馆和南京博物院新入榜单，分别排在第15位、第20位。值得一提的是，相比全球前20博物馆年游客增长量仅0.1%，中国入围的5家博物馆，除台北"故宫博物院"外，其他4家博物馆均保持超过5%的游客增长，尤其是浙江省博物馆和南京博物院两家新晋的博物馆，游客增长率更是达到了两位数。另从亚太区博物馆排名来看，在全球排名前20博物馆中，共有14个中国博物馆入围，除上述5家博物馆外，还包括湖南省博物馆、上海科技馆、甘肃省博物馆、中国台湾国家自然科学博物馆、陕西历史博物馆、成都博物馆、苏州博物馆、上海中华艺术宫以及重庆中国三峡博物馆。业内人士指出，中国多个博物馆实现两位数游客量增长，这意味着中国政府在大力投资和提升大众文化欣赏品位和水平的举措卓有成效，且中国的博物馆也尝试利用明星效应来提升游客量。例如结合了传统文物和

当代名人的电视节目《国家宝藏》为故宫博物院、上海博物馆、湖南省博物馆和南京博物院等参与的博物馆，带来流量增长。旅游专家王兴斌指出，从根本上来看，国民生活正从温饱走向全面小康，对文化的消费需求提升。博物馆是文化产业重要组成部分，在"文化事业"向"文化产业"转变的指导思想下，国家重视

亚太地区排名前20位的博物馆

排名	博物馆，所在国家（地区）和城市	变化%	2018年游客量	2017年游客量	入场
1	中国国家博物馆，中国，北京	6.8%	8,610,000	8,063,000	免费
2	中国科学技术馆，中国，北京	10.5%	4,400,000	3,983,000	付费
3	浙江省博物馆，中国，杭州	14.4%	4,200,000	3,670,000	免费
4	台北故宫博物院，台湾，台北	-13.0%	3,860,000	4,436,000	付费
5	南京博物院，中国，南京	11.2%	3,670,000	3,300,000	免费
6	湖南省博物馆，中国，南京	NEW	3,600,000	-	免费
7	上海科技馆，中国，上海	-11.1%	3,540,000	3,980,000	付费
8	甘肃省博物馆，中国，兰州	4.5%	3,500,000	3,350,000	免费
9	韩国国立中央博物馆，韩国，首尔	-5.1%	3,300,000	3,477,000	免费
10	维多利亚国家美术馆，澳大利亚，墨尔本	11.5%	3,200,000	2,869,000	免费
11	国家自然科学博物馆，台湾，台中	-5.0%	2,960,000	3,115,000	付费
12	陕西历史博物馆，中国，西安	3.7%	2,800,000	2,700,000	免费
13	东京都美术馆，日本，东京	2.4%	2,790,000	2,724,000	付费
14	成都博物馆，中国，成都	-7.3%	2,780,000	3,000,000	免费
15	国立艺术中心，日本，东京	-8.9%	2,720,000	2,987,000	付费
16	日本国立自然科学博物馆，日本，东京	-5.4%	2,460,000	2,600,000	付费
17	东京国立博物馆，日本，东京	11.5%	2,430,000	2,180,000	付费
18	苏州博物馆，中国，苏州	17.0%	2,340,000	2,000,000	免费
19	中华艺术宫，中国，上海	-9.8%	2,300,000	2,550,000	付费
20	重庆中国三峡博物馆，中国，重庆	6.1%	2,240,000	2,112,000	免费
2018年亚太排名前20位博物馆总游客量			67,700,000	63,096,000	
2017-2018年亚太排名前20位博物馆总游客量增长率		0.6%	67,700,000	67,322,000	

© 2019 TEA / AECOM

亚太区排名前 20 位的博物馆

博物馆的发展，并给予很多支持。同时，随着文旅融合的不断发展，博物馆针对市场开发出更符合消费需求的产品，推出更多可参与的体验性项目，兼具文化内涵和时尚特点，借此吸引更多年轻人入馆。这些均有利于推动国内博物馆的运营和发展。值得关注的是，海外博物馆也正准备进入中国市场。2017年12月对外开放的深圳海洋世界文化和艺术中心被打造成一个多功能文化艺术中心，该项目由国有企业招商局集团与伦敦维多利亚与艾尔伯特博物馆合作，而蓬皮杜艺术中心也将于2019年在上海建立分馆。

（3）我国博物馆旅游市场"文博打卡"成为时尚最为显著

经过40多年的发展，我国博物馆数量从1978年的349家增长到现在的逾5000家，每年展览数量超过两万个。文物博物馆单位现在已成为最主要的旅游目的地，到文博单位"打卡"成为当下旅游的一种时尚，市场前景十分可观。在文旅融合的大背景下，"以文促旅、以旅彰文"已成共识，文博资源丰富、优化了旅游的内容和品质；旅游产业也拓展了文物价值传播的广度和深度，促进了博物馆旅游市场的向阳发展，但不可否认的是，博物馆的"深度游"发展不足。对于未来文化、旅游和科技的深度融合方面需考虑坚持品质发展，要科学利用文化遗产、博物馆、纪念馆，加大文旅科技融合开放力度，提升文化旅游科技水平，推介基于文博资源的研学旅行、休闲旅游项目和精品旅游线路。增加高质量的研学旅游产品、创意体验产品、定制旅游产品，提供更加精细化、差异化旅游产品和更加舒心、放心的旅游服务，让"文博打卡"旅游市场"时尚风"进一步高质量发展。同时要借助"文博打卡"的旅游市场发展跨界融合。新时代文旅融合这张大网是由文物行业、互联网行业、旅游行业、媒体行业、文创行业等多领域、多行业共同织就，要推动跨界多元合作，孵化一批新产业、新业态，培育多元化、全域化、全链条的文旅融合发展业态，形成上下结合、横向联动、多方参与的文化旅游市场新格局。

"文博打卡"是当下博物馆旅游市场的一种发展风向，同时也为博物馆旅游下一步发展做出了很好的铺垫。博物馆的"网红经济"中国旅游研究院的戴斌则重点肯定了其在文旅融合中的意义，并鼓励年轻人创新。他表示，旅游目的地和旅游产品不必介意做"网红"，但是又不能仅仅满足于做"网红"。""网红"

产品和服务可以让游客有获得感和黏连性，为什么不做呢？更多温点甚至冷点级别的产品、项目和服务，因为互联网的传播而广为人知，更多的旅游创业所需要的资本、知识、人力资源和推广体系，因为网络而获得了创新发展。"戴斌说，但与此同时，也要对"网红经济"有清醒的认识，要着重研究大众旅游和国民消费的基本面，商业模式和市场形象要经得起市场的考验和时间的检验。戴斌认为，文旅产品不能总是曲高和寡，不能仅是"唱堂会"，让人有距离感，"一是经济壁垒，不一定所有人都能消费起；另一个问题是欣赏壁垒，不是每一个人都能理解"。戴斌建议，要包容、鼓励年轻人们的创新，以创造出既能让大众消费得起、又能欣赏得了的文旅产品。此外，戴斌还提出，要给文旅企业"试错"的机会，"在一个创新的过程中，很多时候不是所有东西都能像画好图纸一步步去规划的，而是企业家在试错的过程当中成长起来的。我们对他们的成长要有关注，要有包容。只有这样我们的产业促进体系才能够为企业家所接受，企业家才会有感"。从此足以说明博物馆旅游市场的发展需要"网红经济"来助推，"文博打卡"的旅游时尚也展示出了博物馆旅游进一步高质量发展的市场前景非常可观。

（4）我国博物馆旅游市场时下火爆的产品类型

我国博物馆旅游市场发展推动的不仅是博物馆传统功能上的转变，更是博物馆产品类型的不断丰富。各大博物馆不断创新其展陈方式的同时注重与科技结合、跨界发展，打造除了属于自己的创意性IP。

一是博物馆+IP产品发展尤为显著。近几年来，无论是故宫里的建筑、文物还是一段段历史故事，都被当成了迎合当下消费潮流趋势的载体，根据相关资料显示，截至2018年，故宫博物院共推出9170种文创产品，每年的销售额在10亿元以上。

2017年，"故宫淘宝"提出"假如故宫进入彩妆世界"的想法，随后设想的点翠眼影、花朵腮红、千里江山指甲油等产品直接将故宫与彩妆紧紧联系在一起，不可否认，故宫彩妆系列踏着"她经济"的浪潮，一时间在消费市场风生水起。以"仙鹤口红"为例，仅上线一天，便售出近65000支。从故宫IP化之后，生意也越来越多。2018年，故宫先后与北京电视台、华创文化联合推出文化节目《上新了·故宫》，播出之后，睡衣、文具的创意产品风靡一时；2018年末，开始跨界餐饮市场，角楼咖啡、"朕的火锅"系列前众多消费者排起长队。值得一提的是，故宫背后偌大的 IP 体系，催生出一家家商业子品牌（被网友戏称为"阿哥"），2019 年 8 月份，故宫文具上线天猫，与此前的故宫淘宝、故宫文创、故宫出版、故宫食品、"上新了，故宫"并成为"故宫六阿哥"。

同时，文创产业在近些年来的市场规模在不断扩大，发展速度也是非常可观，数据显示，从 2015 年到 2017 年，文化创意设计产业的增加值分别达到了 4953 亿元、5843 亿元和 6975 亿元，同比增速分别为 13.5%、18.0% 和 19.4%。博物馆 IP 化就是一个真实的写照。自从故宫成功伊始，国内不少博物馆在风口之中，纷纷效仿，想来分得一杯羹，根据相关资料显示：截至 2017 年，国内已有超 2500 家博物、美术馆、纪念馆围绕自身馆藏进行文创开发。如博物馆届新星——苏州博物馆，其设计师团队开发的"江南才子茶"成为最受欢迎的博物馆文创产品之一。与故宫博物院"宫里东西"相比，苏州博物馆文创更加清新雅致，收获了不少文艺青年的好感，充分说明了特色 IP 强大的市场发展前景。

江南才子茶文创产品

二是博物馆 +5G 影像技术构建移动式"博物馆"，5G 产品，未来可期。目前较火的成像表现在优酷系列节目《你好，AI》的节选视频可以看到，通过 4G 平面互联网时代技术，孕育的"影像采录"，吴健团队将远隔千里的敦煌莫高窟影像信息，完美呈现在石家庄某艺术展厅之中，影像的完美采集及影像 100% 的还原技术，让旅人不用长途跋涉就可近距离观摩祖国各地的名胜古迹。4G 时代实现的影像采录技术，因受到信息采集精度、网络传输速度的影响，以莫高窟壁画收集工作为例，全部洞窟壁画收集完成，需耗费 2-3 年之久。但是，未来 5G 技术更快、更准确，寄存效率会更迅速等特点，不仅可以大大缩减吴健团队壁画收集工作的耗时，也会让你手中时刻不离身的手机，成为一个储存上亿中国历史古迹的移动式"博物馆"。当你厌倦了陈词滥调的博物馆讲说员，不妨暂时关掉耳麦，带上数字博物馆精心装备的 AR 眼镜，对准你迫不及待想要了解的文物历史，比如：秦始皇兵马俑、被救出的圆明园文物等，借助 5G 革新技术，通过"AR 眼镜"实景化的感受这些文物想要传达的故事。未来博物馆一定会采用"全息 4K 投影""AR"技术，吸引一个又一个想听"中华上下五千年文化故事"的全世界游人前往。

三是博物馆+大数据平台。博物馆跨界合作及打造"不闭馆"的线上博物馆也是我国博物馆发展的趋势，北京上线的"博物馆大数据平台"引领了这种趋势。虽然传统博物馆仍是弘扬传统文化的主要渠道，但相比而言，线上平台具有便捷、免费、互动等多种优势，传播范围更广，所以，在互联网、大数据时代，传统博物馆也要与时俱进，应该主动拥抱互联网、大数据，以便向更多公众普及传统文化，让文物藏品释放出更大的价值。

四是"特色"博物馆。基于博物馆旅游市场的需求及人们的"好奇心理"，奇葩博物馆市场异常火爆，如上海的信不信由你博物馆、洛阳的古墓博物馆、中国辣椒文化博物馆、重庆失恋博物馆等。

二、国内外博物馆旅游市场特征

1. 国外博物馆旅游市场特征（针对人群及需求）

（1）国外博物馆旅游市场需求以"真实性"的游览体验为主

通过案例分析研究游客期望博物馆作为城市旅游产品的关键要素所起到的作用得知，游客更愿意体验博物馆所展示的"真实性"地方文化，更需要一种"愉悦"的游览方式。安德里亚·戴维斯和理查德·普兰提斯（Andrea

Davies & Richard Prentice，1995）提出了遗产吸引地潜在旅游者的概念和类型，在旅游业的吸引物基础上，指出了一个被忽视的问题——博物馆和其他遗产地旅游者的潜在需求，他们认为，现有顾客决策行为研究成果，尤其是潜在需求决策行为研究成果，应用到博物馆和其他遗产吸引物旅游研究时，仍然有所欠缺，有待完善。遗产地非访问者行为缺乏系统性的、综合的以及概念性的研究体系。安德里亚·戴维斯（Andrea Davies）和理查德·普兰提斯（Richard Prentice）针对遗产地的非访问者，构建了适合博物馆和其他遗产吸引地的、重点放在潜在需求上的消费者决策制定模型——非访问者休闲行为的概念模型。这一概念模型，在细分潜在需求方面有着潜在的作用，被描述为"产品"开发和促销的基础。针对细分的博物馆旅游市场，在胡德（Hood）以访问频率对旅游者进行区分的基础上，将经常性旅游者、偶然性旅游者以及无游览行为的旅游者这三类博物馆观众细分群体中的无游览行为旅游者（非访问者）做了更进一步细分和扩展。一类是从不游览并且没有考虑过游览的人群，一类是从未游览过但考虑游览的人群，还有一类是曾经游览过但随后就再也没有游览过的人群以及极少游览的人群。博物馆旅游的总体需求包括潜在需求和现实需求，但对博物馆的研究通常忽视了潜在需求。

"必须了解旅游者对某个吸引物不感兴趣背后的真正寓意，既可能是真的缺乏兴趣，也可能是掩盖某种游览限制因素的借口，后一种情况能够揭示旅游者潜在的动机及其行为的限制因素。这一类的旅游者被看作是某地的潜在旅游者，他们的总和就是潜在需求。非访问者为博物馆提出的建议很可能会刺激游览行为"。

关于旅游者对博物馆的期望，朱莉娅·哈里森（Julia Harrison，1997）以夏威夷一博物馆为例进行了实证研究，获得了一组有关博物馆旅游者的定性和定量的数据，研究发现，人们期望博物馆能植根于当地的经济和文化之中，反映出地方独特的文化，体现"当地性"以及当地居民参与博物馆规划发展的积极意义。通过问卷调查及数据分析，简森·沃贝克和凡·瑞克（Myfiam Jansen. Verbeke & Johan Van Rekom 1996）研究了城市博物馆旅游者的旅游动机，结果显示旅游者访问鹿特丹美术馆（Rotterdam FineArts Museum）的比例高达54%；并采用了梯级洞察方法（Laddefing technique）分析收集的数据，证实了博物馆作为城市旅游产品的关键要素所起到的作用，并从旅游者的动机角度提出了博物馆旅游的营销战略。

弗兰斯·斯考腾（Frans Schouten，1995）认为，人们从不游览博物馆的原因，无非是因为觉得博物馆与他们的日常生活没有联系，或者是不喜欢博物馆藏品的陈列方式。而大多数博物馆却不愿意改变自身，去迎合普通大众的游览需求。因此，即使人们有学习和获取知识的需求，也诉诸一些较新的媒体媒介，而不是诉诸藏品陈列和文化表现手法上显得陈旧的博物馆。博物馆必须进行变革，提高其展品展览的可欣赏性、增强感染力。通过分析不利于游客体验的8个方面因素，如专业性过强、偏离观众兴趣、陈列展览方式乏味陈旧、缺乏参与性、过于说教、忽视人的正常休闲娱乐需求、缺少社会交往机会、服务质量低下等，认为博物馆应在以下几方面做出自己的努力，提高游客游览质量：了解非专业的普通大众旅游者的游览需求；增强博物馆旅游的参与性、体验性，在陈列展览手法上使用更多的动态形象；提供更高质量的旅游配套设施；为社会交往提供更多的机会和可能性。博物馆及遗产管理中关于提高游客满意度政策的要素之一，同时也是最重要的一点就是"愉悦"的供给，并将其包含的内容归纳为"独特"体验（Unique experience），"独特"体验代表：不寻常（Uncommon）、新奇（novelty）、有益增长见识（informative）、高质量（quality）、理解力（understanding）和情感（emotions）。如果参观行为并不是这样一个独特的经历，那么通常会遇到博物馆参观中常见的现象——博物馆疲劳症。文章提到麦尔登（Melton，1933）在最初对博物馆研究调查中发现，并且第一次描述了这种感觉——"头脑晕乎乎的，腿像灌了铅，脚也疼痛"。博物馆疲劳症导致了博物馆参观者的种种具体行为：他们在博物馆内待的时间越长，就更加促进他们寻找出口；参观者在美术馆中停留的时间越多，实际上他们关注展览的时间越少。在旅游体验中，除有形产品以外，无形的情感体验对旅游者来说更为重要，理查德·普兰提斯（Richard Prentice，2001）从旅游体验的真实性出发，提出新的博物馆营销概念"同心圆模型"（从内到外依次为旅游者体验、无形构建、有形构建），阐述了博物馆在无形产品的开发中如何体现真实性。文章指出游客所期望的"真实性"包括4方面：更多的直接接触当地文化的机会、较少的旅游者、较强的旅游独立程度以及对某地景观、气候、文化体验和原有感知一致性，并将体验文化旅游看作是一种寻求"真实性"的文化消费，不仅仅包括以物品为中心的有形消费，也包括其他类型的无形消费。因此，这里所讨论的"真实性"，并不是关于博物馆本身所提供的旅游体验真实性，而是针对博物馆作为一个文化遗产的集中展示地，在面临许许多多其他类型的文化旅游产品竞争时，怎样在竞争中脱颖而出，成为文化旅游的一个重要甚至主导产品。"大众文化旅游的本质在于体验性的文化旅游，更注重经验的积累而非学问的堆砌，它寻求的是一种游览中的领会，而非类似正式教育一般的理解"。

（2）国外发达国家博物馆旅游市场呈全球性

发达国家城市化水平较高，博物馆旅游通常不是独立的，而是同遗产旅游或文化旅游、城市旅游等结合在一起，纳入更为广泛的城市旅游和文化旅游体系中，纳入整个地区服务和经济发展过程中，博物馆意识成为一种公众意识。一些中心城市的综合性博物馆通常同社区文化紧密结合，成为社区的中心。作为城市社区的中心，一般意义上讲城市旅游的人群将都是博物馆旅游市场的潜在人群，是了解一个地方的，体验地方文化的重要场所，市场客群往往呈现全球性及普遍性。

2. 我国博物馆旅游市场特征

（1）我国博物馆旅游市场需求倡导"生态博物馆"理念

综合分析国内博物馆旅游相关文献发现，国内学者在对博物馆旅游的研究进程中，主要以客源市场总体抽样调查为手段，借此分析客源市场和游客行为特征，刘俊等(2005)以广州1南越王墓博物馆为例，通过对游客行为调查问卷数据的研究，指出地方性博物馆"高满意度却没有产生较高重游意愿"的原因除了博物馆自身资源利用和开发程度不合理外，更重要的便是博物馆游客的游览行为大多在其他旅游动机的驱动下发生；罗建基等(2009)对到福州地区博物馆旅游的游客进行地域结构、年龄结构、文化水平等分析，以此了解游客客源地、游客年龄比重、知识文化水平的构成，从而开发出满足游客需求的、具有针对性的博物馆旅游产品；龚金红等(2010)选取广州具有代表性的三座博物馆作为研究对象，以问卷调查形式分析博物馆游客的行为特点，在此基础上研究博物馆在经营观念、市场定位、产品设计和营销宣传等方面的开发策略，以进一步开拓博物馆旅游市场。冯晓梅等通过对南京、秦皇岛、郑州、武汉4大城市的游客随机发放问卷的博物旅游市场调研可以看出，博物馆旅游市场接受度高、传统博物馆旅游存在诸多问题，游客更喜欢生态型博物馆。

游客对博物馆旅游意愿及不满原因分析调查显示，博物馆旅游的市场接受度高，游览期间从不进博物馆参观的游客所占比例约3.9%，经常进和偶尔进的比例合为95.3%。尽管如此，经常进博物馆的游客比例仅40.8%，低于偶尔进的比例，由此可知，游客对传统博物馆旅游的满意度偏低。对于游客不进或一般不进的原因分析，表3-1显示，绝大多数游客认为博物馆旅游形式单调。旅游业的快速发展促使游客的旅游行为愈加成熟，旅游要求也逐步提高，传统博物馆采用的"隔着玻璃看，耳听别人讲"的模式，以及形式单调、学术性过浓、缺乏参与体验的产品，难以满足游客需求，受到游客的"冷遇"。

表3-1 游客不进博物馆参观的原因 %

封闭展示	学术性过浓	静态展示	形式单调
21.2	17.9	19.7	41.2

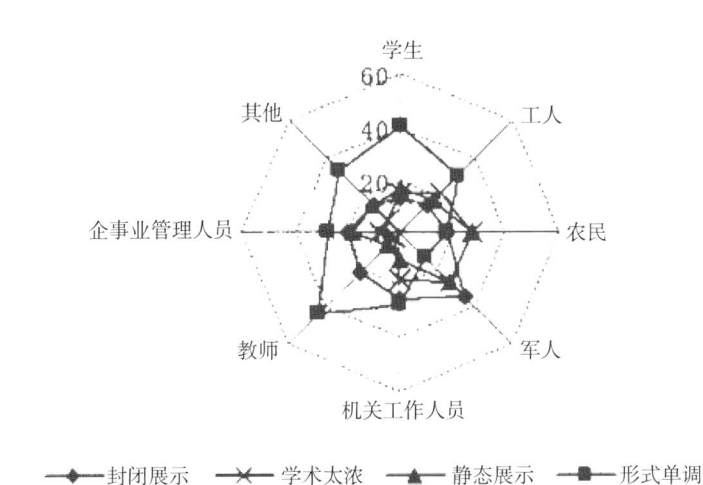

不同的游客不进博物馆参观的原因分析

如图所示，游客对博物馆旅游开发的期望及原因分析调查显示，73.3%的游客认为博物馆旅游开发应注重整体保护，67.5%的游客支持在原址地建馆，就地保护开发，65.3%的游客要求博物馆旅游应增加参与体验项目，同时，倾向"三原"展示(即原真、原型、原貌)的游客所占比例约51.8%，究其原因，当前博物馆旅游缺乏真实的情境和场景，过多的虚拟和移植，且展品千篇一律、模式化、公式化现象突出，游客易产生视觉疲劳。因此，游客在追求产品文化价值的同时，更要求丰富其展示形式，如增加参与体验项目等措施。同时，随着城市化进程的加速，居民回归自然的愿望更强，在此消费市场背景下，游客更加青睐这种将自然和人文相结合的博物馆旅游。

游客对传统博物馆旅游满意度是根据不同职业而产生变化的，尤其表现在"进博物馆的频率"和"不进博物馆参观的原因"两个方面。游客选择在游览过程中参观博物馆的频率由高到低分别为：军人（65.2%）、企事业管理人员（55.0%）、教师（43.8%）、机关工作人员（42.5%）、学生（42.2%）、工人（21.8%）、农民（9.1%）博物馆作为集收藏、研究、社会教育等多种职能于一体的文化设施，承载着一个国家，一个地区的历史文化。对于军人、企事业管理人员、教师职业的游客来说，旅游过程中参观博物馆，可以在短时间内了解当地文化，获得精神享受；而农民对文化消费的需求不高，导致经常进的比例最低。在不同职业的游客不进博物馆参观的原因中，除了"形式单调"外，军人主要选择"封闭展示"（34.8%），工人较多关注"学术性太浓"（21.8%），农民强调"静态展示"（27.3%）。分析可知，不同职业的游客，因其生活环境、工作状态的不同，旅游过程中对各种体验的需求存在差异，如军人的日常生活纪律性强，且活动范围较小，对封闭环境内的静态陈列兴趣不高；工人从事的工作多偏向实践操作，对理论性强的展览兴趣较低。

不同文化程度的游客对传统博物馆的满意度分析：游客的文化程度高低与其对传统博物馆满意度高低有一定关系（见表3-2）。不同学历的游客在游览过程中经常进博物馆参观的比例分别为：研究生及以上（60.4%）、本科生（45.2%）、大专（36.2%）、中专及高中（30.4%）、初中及以下（11.4%）。数据显示：文化程度愈高，经常参观博物馆的比例愈高。博物馆是知识性浓郁的旅游景点，更高的文化程度意味着更高的知识需求和文化品位，因此，文化程度高的游客对参观博物馆兴趣较高。此外，不同文化程度的游客对目前博物馆"学术性太浓"的反应基本呈现负相关趋势。随着文化程度的降低，游客对学术性知识的接受能力也逐步下降，对学术性景点兴趣也逐渐降低。

表3-2　不同文化程度的游客不进博物馆参观的原因比较　　　　　　　　　%

原因	研究生及以上	本科生	大专	中专及高中	初中及以下
封闭	17.0	21.8	8.6	14.3	11.4
学术性太浓	9.4	10.7	15.5	23.2	31.4
静态展示	17.0	15.5	20.7	12.5	17.1
形式单调	41.5	32.0	37.9	28.6	31.4

游客对博物馆旅游期望的差异性分析不同职业的游客对博物馆旅游的期望存在着一定差异（见表3-3），集中体现在"自然景观与文化景观相结合的整体保护"和"增加参与体验性"两个方面。机关工作人员、学生、企业管理人员等职业的游客对"整体保护"的期望值较高，均在70%以上，而农民对此期望值最低（54.5%）。之所以如此，一则因为职业层次较高的游客更能深刻体会历史人文与自然生态环境相融合的必要性和迫切性；二则由于该类游客的工作环境多为拥挤热闹的城镇，因此，回归自然的愿望更加急切，对博物馆"整体保护"的要求更高。相反，农民对此要求相对较低，容易满足。针对增加体验参与性项目，实现"寓教于乐"的开发措施，农民的期望值最高（90.9%），其次是学生（70.8%）。这说明动手实践、亲力亲为的方式更能拉近文化与参观者的距离，有利于知识的记忆和领会，可以达到较好的游览效果，更符合农民和学生游览博物馆的需要；同时，教师、企事业管理人员、机关工作人员等职业层次较高的游客也表达出对静态虚拟展示方式的不满。

表3-3　不同职业游客对博物馆旅游的期望对比　　　　　　　　　　%

人员类别	就地保护	无墙化博物馆	参与体验	整体保护	三原展示
学生	64.0	39.1	70.8	75.8	50.9
农民	81.8	54.5	90.9	54.5	54.5
机关工作人员	77.5	50.0	62.5	77.5	57.5
教师	75.0	31.3	59.4	65.6	59.4
企事业管理人员	75.0	25.0	60.0	75.0	41.3

（2）国内博物馆成为年轻人钟爱的新社交场所

现在的博物馆不再是以往印象中被遗忘的冷清行业。文创市场的成功、新兴技术应用正在全面改变博物馆与公众的连接方式。2018年我国博物馆观众达10.08亿人次，周末约会去博物馆逛一逛已经成为当代年轻人新的消遣方式。一方面观众更加期待博物馆提供更生动、更丰富的游览方式,"紫禁城上元之夜"的一票难求最好地证明了这一点;另一方面,新兴技术也能更好地发挥博物馆的社会职能和价值。但技术虽好,成本却不低,故宫的《清明上河图3.0》展览吸睛无数,仅巨幅互动长卷就需要20名画师1年半的时间一帧一帧手绘完成,人力、物力耗费巨大。

猎豹用户研究中心针对参观博物馆的人群收集了2525份有效问卷,通过问卷调研了解当前参观博物馆的观众属性,以及他们对博物馆有着怎样的期待,探讨还有哪些新兴技术可以降低博物馆运营成本。

核心发现:

1. 参观博物馆的主要人群年龄在18-40岁,占比接近九成,学生和职场人士为主。

2. 满足兴趣爱好是去博物馆最重要的原因,其次是为知识而来,年轻人在朋友聚会、随便逛逛时也会选择去博物馆。

3. 博物馆正逐步成为年轻人的潮流社交场所,不仅出门聚会可以去博物馆,单身一人也愿意去博物馆消磨时间。

4. 在上述人群中,用户最常去历史类博物馆,其次是自然科技类博物馆。

5. 公众已初步接受网上虚拟博物馆,但目前渗透率不高。网上虚拟博物馆的好处是既可以缓解博物馆待客压力,又能提高藏品传播范围,实现展品展出与展品保护两不误。

6. 展物的介绍信息太少是参观过程中遇到的最主要问题。

7. 除了门票外,观众愿意额外付费来获得信息,付费经验最多的分别是:雇佣导游、租赁机器人、无线讲解器等,心理预期价格区间集中在11-30元、31-50元,占比分别为22%和21.7%。

8. 除导游讲解外,观众对机器人讲解的接受度最高,主要原因为机器人服务态度好、好用、科技感强。

第三章 博物馆旅游的市场研究

Part.1 参观博物馆观众基础属性分析

1.1 谁喜欢去参观博物馆

在本次定量调研的 2525 份有效样本中，男性占比大于女性，主要参观人群的年龄为 18-40 岁，主要职业类别为大学生 / 研究生和公司普通职员，占比分别为 20.37% 和 18.51%。

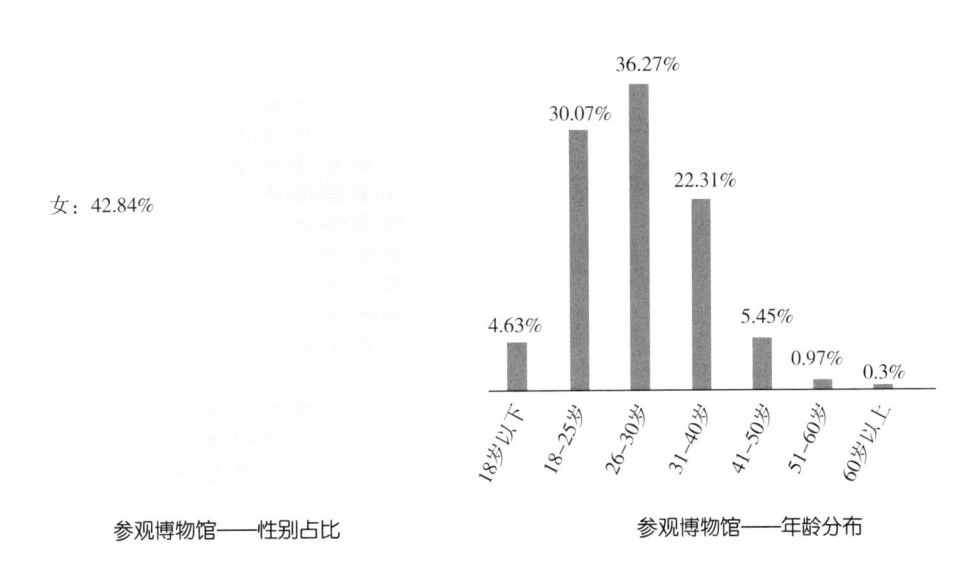

女：42.84%

参观博物馆——年龄分布
- 18岁以下：4.63%
- 18-25岁：30.07%
- 26-30岁：36.27%
- 31-40岁：22.31%
- 41-50岁：5.45%
- 51-60岁：0.97%
- 60岁以上：0.3%

参观博物馆——性别占比

数据来源：猎豹用户研究平台

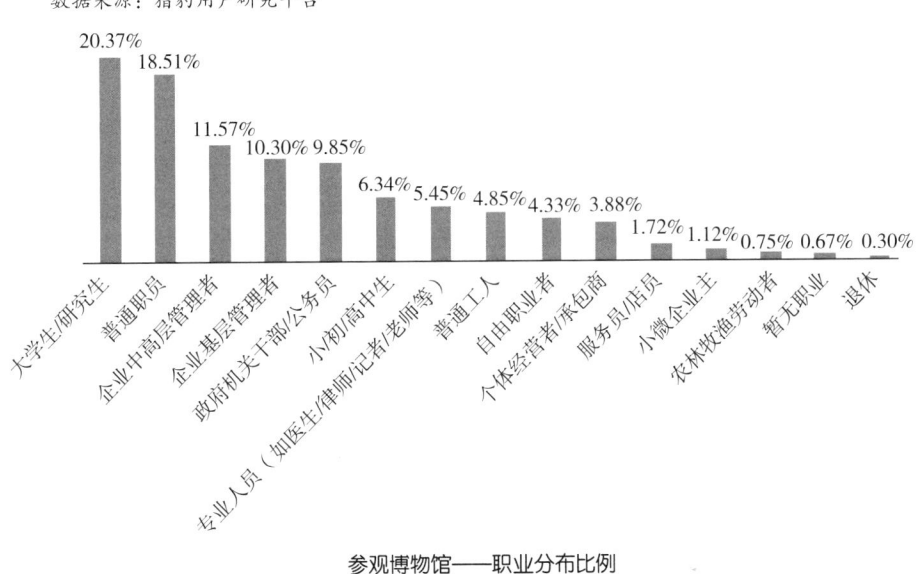

参观博物馆——职业分布比例
- 大学生/研究生：20.37%
- 普通职员：18.51%
- 企业中高层管理者：11.57%
- 企业基层管理者：10.30%
- 政府机关干部/公务员：9.85%
- 小初/高中生：6.34%
- 专业人员（如医生/律师/记者/老师等）：5.45%
- 普通工人：4.85%
- 自由职业者：4.33%
- 个体经营者/承包商：3.88%
- 服务员/店员：1.72%
- 小微企业主：1.12%
- 农林牧渔劳动者：0.75%
- 暂无职业：0.67%
- 退休：0.30%

数据来源：猎豹用户研究平台

1.2 他们喜欢和谁去博物馆

在选择和谁一起去博物馆这一项中，和朋友或同学去博物馆这一选项最高，占比49.40%，有27.90%的人也会选择独自一人去博物馆。

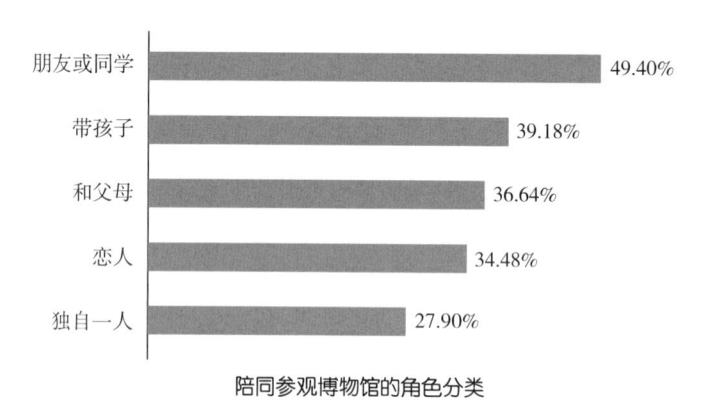

陪同角色	占比
朋友或同学	49.40%
带孩子	39.18%
和父母	36.64%
恋人	34.48%
独自一人	27.90%

陪同参观博物馆的角色分类

数据来源：猎豹用户研究平台

从性别差异来看，陪同参观博物馆的角色类型发生了变化：女性带孩子去博物馆比男性高出11.31%，由此可见女性更多地承担了带孩子来博物馆接受文化熏陶的责任。

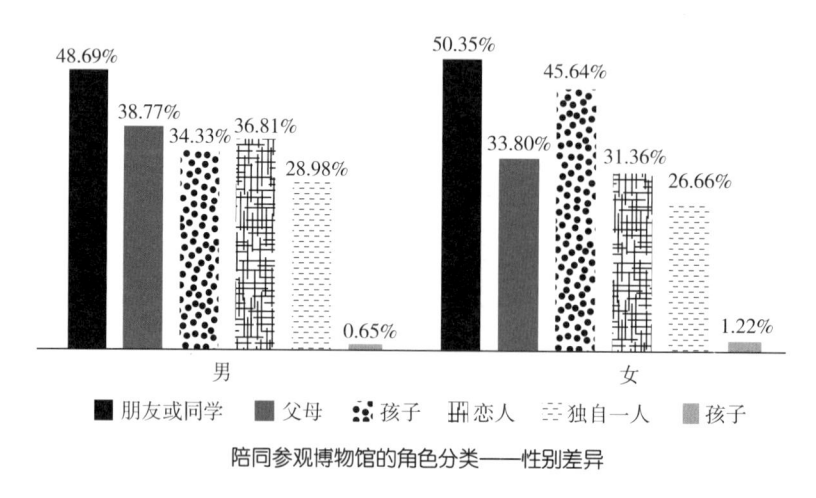

	男	女
朋友或同学	48.69%	50.35%
父母	38.77%	33.80%
孩子	34.33%	45.64%
恋人	36.81%	31.36%
独自一人	28.98%	26.66%
孩子	0.65%	1.22%

陪同参观博物馆的角色分类——性别差异

数据来源：猎豹用户研究平台

1.3 他们为什么参观博物馆

在参观博物馆的主要原因中,兴趣爱好是最主要的原因,占比高达50.30%,"和朋友出游的一个选项"和"想出门看看"分列第三、四位,占比分别为34.10%和31.72%。

由此我们可以看出,博物馆正在逐渐成为青年人的潮流消遣场所,不止出门聚会可以去博物馆,单身一人也愿意去博物馆消磨时间。

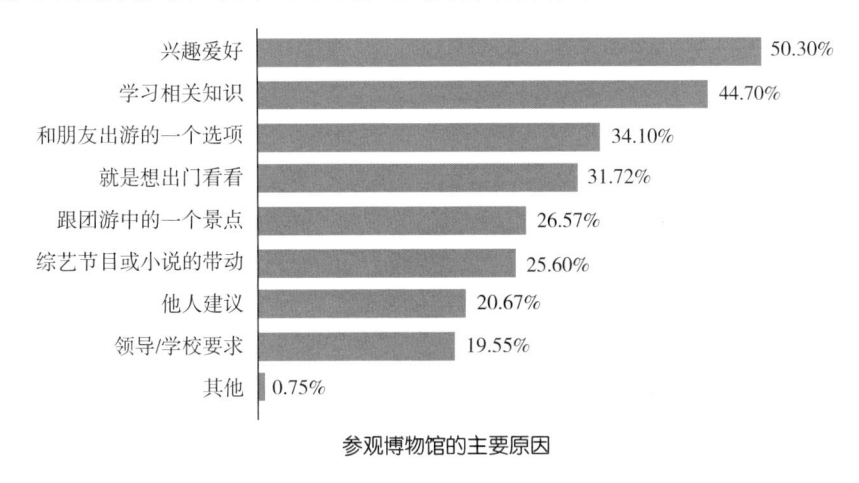

参观博物馆的主要原因	占比
兴趣爱好	50.30%
学习相关知识	44.70%
和朋友出游的一个选项	34.10%
就是想出门看看	31.72%
跟团游中的一个景点	26.57%
综艺节目或小说的带动	25.60%
他人建议	20.67%
领导/学校要求	19.55%
其他	0.75%

参观博物馆的主要原因

数据来源:猎豹用户研究平台

1.4 他们喜欢去什么样的博物馆

从整体样本分布来看,展示古代文物的历史类展览最受欢迎,占比39.25%。

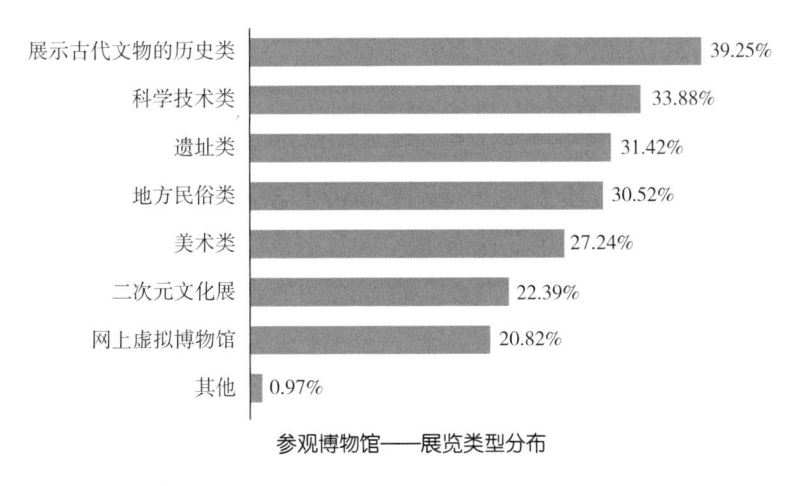

参观博物馆——展览类型分布	占比
展示古代文物的历史类	39.25%
科学技术类	33.88%
遗址类	31.42%
地方民俗类	30.52%
美术类	27.24%
二次元文化展	22.39%
网上虚拟博物馆	20.82%
其他	0.97%

参观博物馆——展览类型分布

数据来源:猎豹用户研究平台

在全国范围我国博物馆共分为 5 种类型：综合性、历史类、艺术类、自然科技类和其他类型，据统计综合性博物馆（综合展示地方自然、历史、革命史、艺术方面的藏品）占 36.28%，历史类紧随其后，占比 35.27%。

结合本次调研的数据来看，参观历史类博物馆的比例最高，可能也受到本身我国博物馆类型数量的影响。值得一提的是，利用新兴技术的网上虚拟博物馆占比 20.82%，由此可见在家就能上网浏览文物的方式，已经受到初步认可，但目前渗透率不高，可以成为未来的增长点。

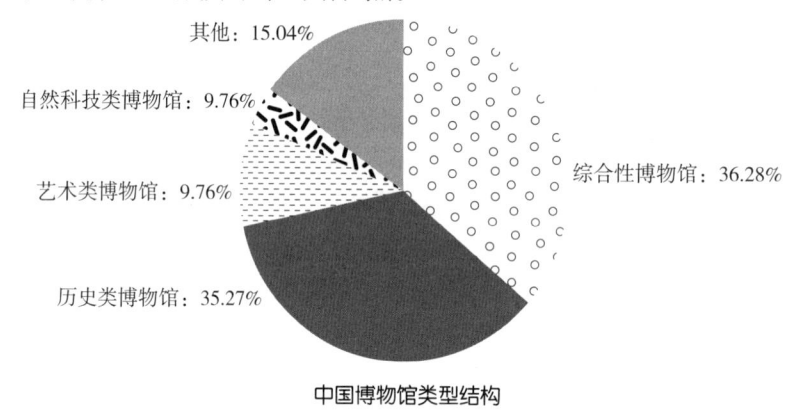

中国博物馆类型结构

- 其他：15.04%
- 自然科技类博物馆：9.76%
- 艺术类博物馆：9.76%
- 历史类博物馆：35.27%
- 综合性博物馆：36.28%

数据来源：猎豹用户研究平台

综上，我们可以将参观博物馆的主要人群归类为 18-40 岁的求学学生和职场人士，参观历史类博物馆的次数最多。他们不再视参观博物馆为政治任务，而是更多的将博物馆视为一种满足自己兴趣爱好和社交需求的场所。

Part.2 参观博物馆人群付费意愿分析

据统计自 2014 年开始，我国的博物馆数量和博物馆参观人数开始高速增长，2018 年全国博物馆举办展览 2.6 万场，观众达 10.08 亿人次。面对正在高速发展的博物馆行业，如果可以撬动公众在线下观展的付费点，降低数字技术赋能实地展览所带来的成本，将是一件双赢的好事。

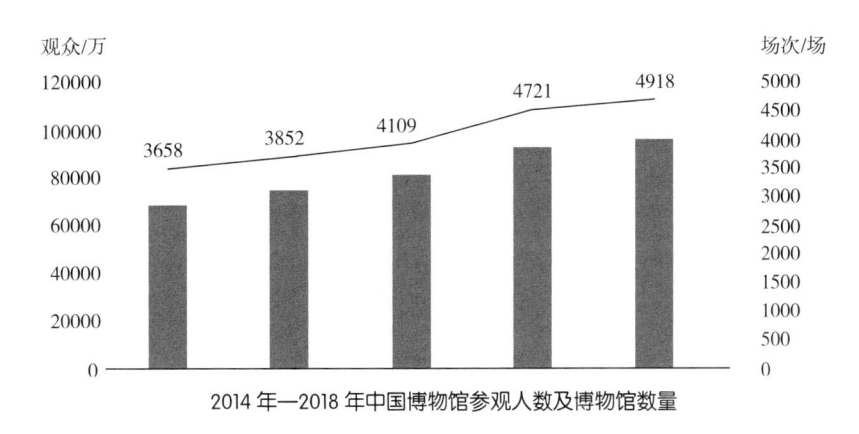

2014年—2018年中国博物馆参观人数及博物馆数量

数据来源：国家统计局及公开数据整理

2.1 参观博物馆时遇到的主要问题是展品信息不完善

在参观博物馆遇到的主要问题这一项中，我们可以发现有4项都是和展品的介绍有关系。"展示文字信息过少，学不到知识"这个问题最突出，占比44.55%。其次的问题顺序为信息全部都是文字（呈现形式单一）、网络不好、展示牌文字看不清、搜索不到展物信息、迷路等。

由此可见，展物信息不完善是参观过程中遇到的最主要问题。从此处入手改进，将大幅改善观众的参观体验。

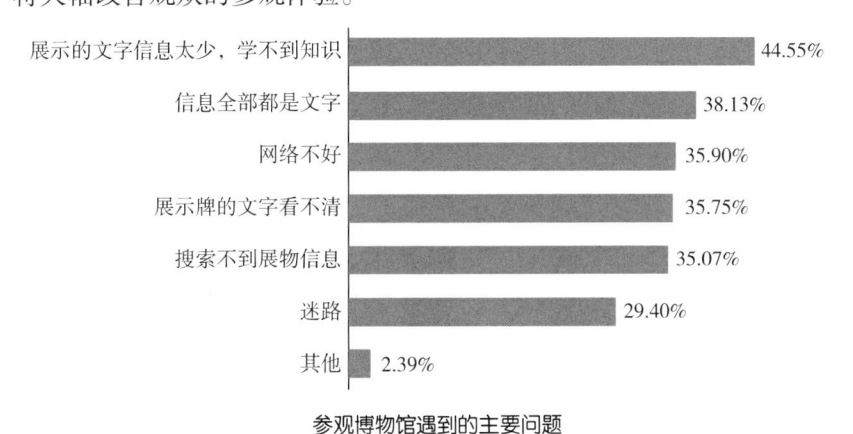

展示的文字信息太少，学不到知识	44.55%
信息全部都是文字	38.13%
网络不好	35.90%
展示牌的文字看不清	35.75%
搜索不到展物信息	35.07%
迷路	29.40%
其他	2.39%

参观博物馆遇到的主要问题

数据来源：猎豹用户研究平台

2.2 现有方式可以初步解决展物信息不完善的问题

从本次调研的结果来看，现场导游讲解是首选，占比62.39%，这可能是因为博物馆作为当地的标志性景点，从大概率上会被规划进当地旅游团的游览路线中，观众随团进馆，自然会选择听导游的讲解。

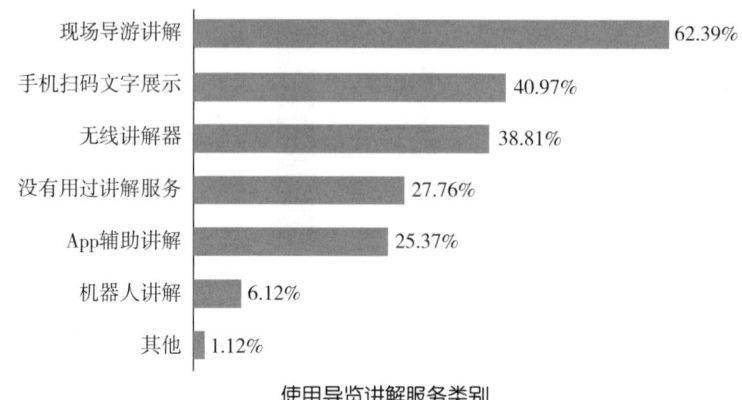

使用导览讲解服务类别

- 现场导游讲解 62.39%
- 手机扫码文字展示 40.97%
- 无线讲解器 38.81%
- 没有用过讲解服务 27.76%
- App辅助讲解 25.37%
- 机器人讲解 6.12%
- 其他 1.12%

数据来源：猎豹用户研究平台

2.3 观众愿意额外付费享受更优质的导览服务，心理价位集中在11-30元和31-50元

在导览服务中，现场导游讲解的付费意愿最强烈，在该项上选择付费使用用户占比为78.34%。付费意愿最低的是App辅助讲解，但也占到了64.48%。

这其实也和前文中提到公众参观博物馆的初衷（兴趣爱好）调研结果相吻合：观众去博物馆，最主要的目的是满足自己的需求，而非完成学校/单位的硬性任务，所以不排斥通过付费获取更优质的导览服务。

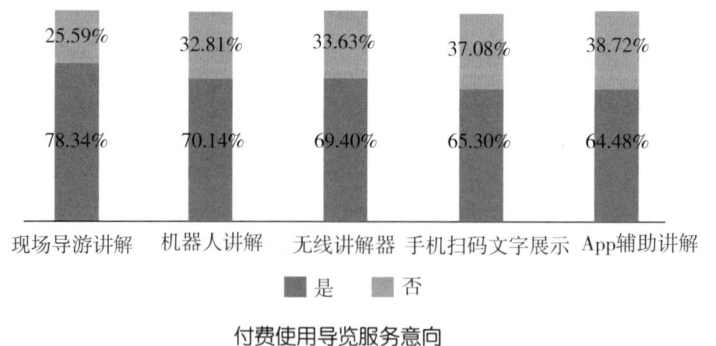

付费使用导览服务意向

服务类型	是	否
现场导游讲解	78.34%	25.59%
机器人讲解	70.14%	32.81%
无线讲解器	69.40%	33.63%
手机扫码文字展示	65.30%	37.08%
App辅助讲解	64.48%	38.72%

数据来源：猎豹用户研究平台

从上图中我们还发现，用户对于机器人讲解服务的付费意愿很强烈，占比仅次于现场导游讲解。

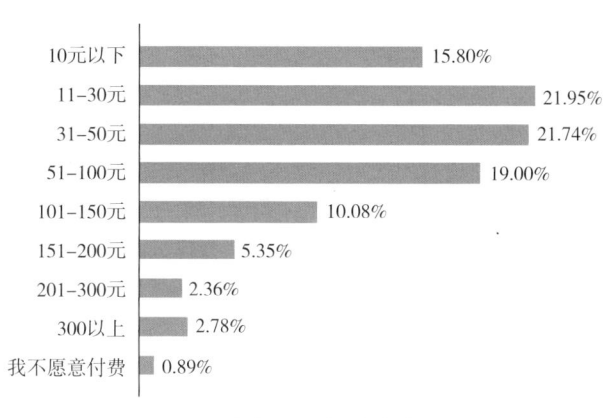

10元以下	15.80%
11-30元	21.95%
31-50元	21.74%
51-100元	19.00%
101-150元	10.08%
151-200元	5.35%
201-300元	2.36%
300以上	2.78%
我不愿意付费	0.89%

付费使用导览服务意向

数据来源：猎豹用户研究平台

深入调查后，我们发现观众对机器人讲解的积极态度占绝大多数：他们认为机器人导览服务态度好，方便好用且有科技感，所以愿意积极尝试机器人讲解服务。

对于付费使用导览服务的心理价位，我们发现11-30元和31-50元是意愿最高的，分别占比22.0%和21.7%，观众对10元以下的超低价格反而兴趣寥寥，占比只有15.8%。

第四章　博物馆如何做旅游

博物馆作为公共文化设施，与纯粹的城市观光相比，更能满足游客的好奇心和求知欲，让游客加深对一个城市甚至是一个国家的感性认识。在科技日新的时代，如何吸引更多公众走进博物馆，寻求当下年轻人乐于接受的方式诉说故事，值得探讨的问题很多。本章通过博物馆旅游开发典型模式、开发管理机制、发展实施路径三个层面总结经验，探索博物馆旅游发展对策，以促进博物馆更好地与公众对话，更好地满足公众需求。

一、博物馆旅游开发典型模式

1. 旅游购物模式

旅游购物模式指博物馆在展陈的基础上，充分考虑市场需要，顺应购物潮流，重点进行旅游购物产品的开发。一般通过在博物馆内及所在场地规划旅游产品的展示销售空间，来达到博物馆文化传播与经济收益的双重目的。

旅游购物模式的典型代表是美国纽约大都会艺术博物馆（Metropolitan Museum of Art），纽约大都会艺术博物馆成立于1870年，是与大英博物馆、卢浮宫、列宁格勒美术馆齐名的"世界四大美术馆"之一。这座由美国商人、银行家、艺术家发起构建的博物馆也是西半球最大的博物馆，馆藏超过330万件艺术品，也是纽约必游景点的前三位之一。

大都会艺术博物馆

纽约大都会艺术博物馆位于纽约著名的"博物馆街区",这里同时分布了许多美国久负盛名的博物馆。在100多年的时间里,大都会博物馆迅速成长,成为拥有300万件以上的藏品,每年有超过500万人次的观众前来参观的博物馆。大都会艺术博物馆非常重视旅游购物的开发,设立了专门的礼品店、书店和纪念品开发部门,博物馆旅游商店不仅占据了馆内5000多平方米的营业厅,同时还在肯尼迪机场和梅西百货商店开设纪念品销售柜台或专营店,其销售的旅游纪念品备受游客欢迎,博物馆商店的年营业额超过了1亿美元。此外,大都会博物馆还平均每年寄出1300多万本商品目录,为60万人邮售商品。近年来,随着文创市场火爆,大都会的线上文创产品更是让人眼前一亮。2019年大都会艺术博物馆旗舰店已经在国内电商平台天猫开始了试营业,首批上架的产品超过50种,不少产品和Meta Gala主题"坎普Camp"风格一脉相承:坎普风随身杯、有以树叶遮羞的裸男大卫的围裙、拉斐尔前派艺术家罗塞蒂名画《莉莉丝夫人》丝巾,以及Tiffany工作室出品的琉璃首饰等,其活泼派的风格吸引了不少国内消费者,如Meta Gala红毯同款、水果姐吊灯妆、汉堡裙、lady Gaga的4套变装秀……堪称对坎普风格的最佳演绎。

大都会博物馆购物空间

与大都会艺术博物馆这种旅游购物模式相似,迄今为止,国内的故宫博物院、国家博物馆、颐和园、陕西历史博物馆、苏州博物官、秦始皇兵马俑博物馆、上海博物馆等也入驻国内电商平台天猫。仅仅2018年1月至10月间,在天猫和淘宝平台上,搜索"博物馆"的用户数是2016年同期的2.15倍,其中有九成用户最终的注意力流向了博物馆周边文创产品。博物馆文创周边产品的重度用户,是生活在一、二线城市、消费能力较强的年轻人,其中超过七成为女性用户。线上营销让博物馆的周边衍生品突破了地理空间的局限,覆盖了更多对此感兴趣的人。

这种旅游购物模式让博物馆旅游纪念品开发与销售实现了国际化、现代化,不仅提高了大众对于博物馆藏品和展品的认知,推动了历史文化的传播,而且发挥了博物馆自身文化资产的影响力,促进了博物馆经济效益的增长,"以文养文"的观念得到充分运用。

2. 旅游公共空间开发模式

旅游公共空间开发模式指博物馆作为公共资源对所有参观者进行免费开放,让文学、艺术可以在所有使用者的生活中"触摸",自身经营艺术衍生品的收入作为其收入的主要来源。

英国国家博物馆(British Museum),又名不列颠博物馆,位于英国伦敦新牛津大街北面的罗素广场,是一座带有四翼的四边形建筑。该馆成立于1753年,于1759年1月15日起正式对公众开放,是世界上历史最悠久、规模最宏伟的综合性博物馆,也是世界上规模最大、最著名的五大博物馆之一。博物馆藏品之丰富、种类之繁多，为全世界博物馆所罕见。

天猫文创产品示意

大英博物馆的宗旨是服务大众，成立之初就免费对英国公众开放，但在19世纪以前，由于管理本身的局限和为藏品安全着想，博物馆对访问人数严格限制，参观时间也限定得很苛刻，这样使得绝大部分英国公民被排除在参观者之外。19世纪上半叶，大英博物馆管理理念发生改变，参观制度也在变革之中，经过几任博物馆主管努力之后，大英博物馆真正成为为大众所用、传播国家文化的博物馆，这在图书部门的阅览室使用上最为突出。最初的阅览室不是大众机构，它的空间有限，是一个由学者管理同时又服务于学者的地方，最初的使用者完全局限于精英阶层，直到19世纪上半叶，随着大英博物馆功能的转换，参观者和读者层次才变得日趋多元。1824年，罗伯特斯莫克爵士设计了四边形大楼。1857年，建成四角大楼和圆形阅览室。圆形阅览室给读者提供的500个座位、宽敞明亮的空间和更丰富的图书陈列，使得博物馆的大众化进入一个新的发展阶段。1997年，诺曼福斯特设计了大中庭，于2000年12月建成开放，目前是欧洲最大的有顶广场。它以公共空间为中心，巧妙地连接起周边各个展览空间，并合理分配了各种配套休闲服务设施，包括餐厅、咖啡厅、阅览室和纪念品销售部。21世纪初期，大英博物馆继续扩建公共建筑，在2008年和2009年开放了4个新的永久展馆。

大英博物馆中庭

目前的大英博物馆地上六层，地下两层，整个布局以中心巨大的中庭为主，周围布置埃及文物馆、希腊罗马文物馆、西亚文物馆、欧洲中世纪文物馆和东方艺术文物馆等展馆，使大英博物馆真正成为一个文化、教育空间。博物馆的图书馆为来访者提供了丰富的藏书和手稿供研究和日常学习；博物馆的艺术藏品供游客陶冶情操；博物馆的自然科学藏品向人们展示科学的进步；博物馆的外来文明馆藏揭示了英国在全球的影响力。大英博物馆为游客创造的旅游公共空间，已经超出了室内空间的概念，不仅本身成为可观赏的一个部分，加强了博物馆的开放性与公共性，而且是国家公共资源的展示和国家政治文化的反映。这种旅游公共空间开发模式以一种生动和直接的形式向人们传达某种特定的社会价值与信仰，从而使博物馆旅游也具有了仪式化的意义。

3. 教育模式

教育模式即博物馆以教育作为主要使命，通过思想引领、教育实践、文化活动等形式使公众在参观博物馆之余能有所收获、有所感悟，达到传播文明、传承文化的目的。

博物馆教育模式应用的典型代表是美国的老史德桥村历史博物馆。老史德桥村历史博物馆位于美国东北部新英格兰地区的马萨诸塞州，是一所私有非营利性全年开放的历史民俗类露天博物馆，建于遗留有1790-1840年代新英格兰农村和城镇历史景观的200多英亩土地上，1946年6月8日对外开放。

博物馆范围内有包括居民住房、学校、乡村商店、银行、律师事务所、印刷局、锯木厂、磨坊、铁匠店、铜店、水动力厂等原有或外部迁入恢复建设的58个原始建筑。博物馆再现了1790至1840年代新英格兰地区的日常生活、商业和制造业、农业和运输、移民和城市化发展、教育和社会变革的历史状况。收藏了新英格兰地区1790年至1840年农村使用的纺织品、艺术品、家具、钟表、玻璃器皿、陶瓷和生产工具等文物超过60000件，设有40多个专题展览；还收藏了大量的原始账册、信件、日记、研究报告、文件照片等一手、二手文献资料，馆藏图书达3.3万册，收藏有17万张视觉图片信息资源。博物馆在近70年的经营历史中总体实现了持续发展，成为世界博物馆经营开发成功的典范，其在发挥博物馆教育功能方面的实践是其成功经营的重要方面。老史德桥村历史博物馆在建馆伊始，就明确指出了教育是其核心目的，博物馆多年来一直坚持进行社会教育活动的探索与实践，并在实践过程中探索形成的青少年教育模式，取得了显著的效果。总结老史德桥村博物馆的经验，主要有以下几点：

一是让博物馆变为"学校课堂"。博物馆为了实现与中小学校教育的对接，努力将博物馆教育纳入到学校课程教育的体系中，为此博物馆深入地研究相关课程国家标准，明确教学内容、教学要求及教学目的，结合博物馆特性和馆藏资源情况，设计出针对不同年级学生使用的教案，将教室搬到了博物馆，由此，在学校可以做到的，在博物馆都可以做到；在学校做不到的，在博物馆也可以做到；博物馆教育与学校教育之间实现了很好的对接融合。

大英博物馆中庭老史德桥村历史博物馆

老史德桥村历史博物馆

老史德桥村历史博物馆

二是寓教于乐的活动体验。老史德桥村历史博物馆具有丰富的馆藏文献文物资源、优越的设施场景环境与高水平的研究人员。为了发挥这些教育资源优势，博物馆明确提出"走出教科书，体验19世纪初的生活"的口号，针对中小学生的教育精心设计了丰富多样的教学方式方法，包括博物馆教育专家和工作人员的古装演示服务与讲解，开展装饰艺术、家庭医疗、编织、庆典活动、印刷、农业耕作、烹饪19世纪饮食等众多具有鲜明历史特性的动手参与性活动，取得良好的教育效果。

三是提供周到细致的服务。为了保证博物馆教学活动的顺利开展，博物馆提供了周到细致的服务。这些服务包括设置专门的针对学校教育的服务部门，在网站上设置了学校教育专门栏目，开设了网上在线课堂等。博物馆对于教师教学和学生在博物馆内学习活动的注意事项提示细致周到，使学生在博物馆的学习与在学校一样便利。

4. 旅游体验模式

旅游体验模式是指博物馆针对旅游者个性化、情感化、休闲化的旅游需求，通过多种形式为游客打造舒畅而独特的旅游体验的时序过程。旅游体验模式的实现途径主要包括展示方式体验化、体验氛围的营造、举办展览或巡展、增设人性化服务设施和增设体验项目等。

（1）展示方式体验化

华盛顿新闻博物馆 VR 技术体验

一是当代博物馆的陈列方式发生改变。很多博物馆改变了过去传统静态的展示方式，充分利用声、光、电等现代科学技术和多媒体、虚拟技术等，结合实物，构成表现历史生产、生活场景，让游客仿佛置身于过去的场景之中，感同身受。美国首都华盛顿的新闻博物馆，超高沉浸感的 VR 技术能让游客瞬间身临采访现场，如前一秒还在刚刚结束的世界杯比赛现场，下一秒就置身于即将在墨西哥举行的亡灵节游行庆典活动……与此同时，还专门设立了若干"新闻演播室"，供游客体验新闻播报的成就感。

二是现代科技让游客互动参与性更强。当代科技飞速发展，将各种媒体形式组合成一整套或是一系列的互动式展示方式，让观众与展示设备发生交互关系，及时感受互动结果。如美国波士顿茶党船舶博物馆充分利用了 3D 影像这一高科技手段，游客可以同油画中的人物进行鲜活对话，先进的科学技术使呆板的历史活灵活现；我国首都博物馆曾开启了一场"王后·母亲·女将——纪念殷墟妇好墓考古发掘四十周年特展"，特展现场中 VR 技术大显身手，将那一时期的建筑及大量文物进行科学复原，向观众生动地展示了妇好墓的建筑构造以及下葬的全过程；中国测绘科技馆借助数字技术与实体沙盘，把枯燥的数据转化为生动的语言来给观众讲解；天水民俗博物馆则使用异形投影技术，在模型上依次幻化出不同角色的秦腔戏剧脸谱图案，观众还可以 DIY 戏剧脸谱并打印出来作为留念……

三是展示形式多样化。展示形式可根据展品的性质进行不同的设计，如对于历史性题材的展品可通过场景展示社会重大事件以增强其真实性。在美国费城的独立战争纪念博物馆，工作人员会对游客讲述战争的前因后果。"战争"打响后，仿真硝烟、富有节奏感震动的地面……让参观者有种身处行军队伍的错觉，从而瞬间进入备战状态。我国的大庆博物馆采用 HDL-BUS 系统中的 SHOW-CONTROL 多媒体声光电同步表演系统，将现代多媒体技术和形象逼真的各种动物标本有机结合，使自然生态展区与观众随着美轮美奂的自然变化效果一起走进时光追回的隧道。

中国测绘科技馆 VR 技术应用

四是展示过程故事化。即在博物馆展览过程中，以一条主线贯穿于各展厅之间，进行故事化设计，加深观众对展示内容的理解。如美国波士顿茶党船舶博物馆应对"导致美国独立战争的重要事件"——倾茶事件进行了故事化包装。走进博物馆的会议室，就进入了事件发生的当天——1773年11月29日，每位参观者都被赋予了一个当时居民的身份，比如作为一名生活在波士顿底层的鞋匠等，以此身份参加会议，经历整个事件。

中国测绘科技馆 VR 技术应用

（2）体验氛围的营造

美国科罗拉多铁路博物馆

所谓体验，就是"企业以服务为舞台，以商品为道具，以消费者为中心，创造能够使消费者参与、值得消费者回忆的活动"。博物馆可充分利用现有体验资源为游客搭建体验的场景或"舞台",为游客提供尽可能真实的体验环境,如利用音乐、灯箱、墙体装饰、符号元素、廊道上的茶几座椅、凉亭、雕塑等。在营造体验氛围时,应注意针对展览主题,烘托气氛要相得益彰。如美国科罗拉多铁路博物馆,一改室内参观的固有思想,直接将参观场地搬到了火车里。该博物馆将若干不同时期、不同风格的火车车厢连接在一起,游人穿梭在车厢之间,犹如行走在时空隧道里。

(3)举办展览或巡展

中国测绘科技馆 VR 技术应用

搞活博物馆藏品的另一种形式是举办展览或巡展,通过展览的宣传效应,增强公众的博物馆意识,扩大博物馆的影响力。如 2019 年 8 月 23 日我国国家时间博物馆巡回展来到长沙,在国家黄金中心西南广场,以两辆红色时间大篷车为主体进行展示。巡展共分为五个主题空间:时间交通局、记忆供销社、精彩空间时间屋、时间摄影馆、时间教室,通过展示老物件和创意互动,带给观众沉浸式的体验,真实感受新中国成立 70 年来的巨大变化,激发集体记忆和共鸣。

(4)增设人性化服务设施

服务设施的设置要充分考虑游客的心理感受和生理需求,做到细致周到怡情。一般常见的服务设施有:问询处、存包处、导览处、商品部、休闲区等。例如博物馆为了照顾不同国籍的外国人参观,一般均使用多种语言和文字材料及印刷精美的图片材料介绍博物馆。游客参观时还可选择领用自己熟悉的语言讲解器。此外，对于一些专题博物馆来讲，播放与展览主题相吻合的背景音乐也可为游客带来身心愉悦的享受。闭馆五年后，湖南省博物馆新馆闪亮登场，其新开发的官方APP突出智慧导览系统和人性化服务功能；湖南地形沙盘单独给予相对独立空间，沙盘前留出较大空间，不仅满足教育人员带领团队观看地形模型、自然生态演变视频，还专门为教育员设计了动态演示操控IPAD；在男、女卫生间的设置上，根据两性不同的如厕需求，新馆增大了女厕所的面积比重，并设立了无障碍卫生间和家庭卫生间等，配备儿童专用设施。

湖南省博物馆新馆沙盘空间

（5）增设体验项目

博物馆可以开设一些体验性、参与性的项目。如2019年暑期我国各大博物馆纷纷推出特色体验活动，让游客在快乐感知中把中华历史文化和现代科技知识带回家。中国美术馆举办的"我心中的中国美术馆"活动让学生们不仅可以近距离欣赏中外美术经典作品，还能在浓浓的艺术氛围中画出自己心中的美术世界；中国科技馆里丰富的互动装置和精彩的动手实践课让大人和孩子们沉浸其中、流连忘返；国家典籍博物馆举办的传统拓印技术的体验活动让游客感受到了中华传统文化的魅力。

5.旅游要素整合模式

随着人们对文化等高层次精神需求的不断增长，传统的博物馆逐渐成为时尚打卡地、未来创想城，博物馆旅游要素整合模式营运而生。博物馆作为文化和旅游融合发展的前沿阵地和有效载体，通过整合区域各类旅游资源要素，可实现区域旅游的协同发展进程，促进区域旅游综合体的形成。博物馆旅游要素整合的主要方式包括博物馆+景区、博物馆+酒店、博物馆主题商场三种。

（1）博物馆+景区

主要有三种开发模式，即博物馆主题景区开发模式、景区建博物馆模式、博物馆景区化模式。一是博物馆主题景区开发模式。在博物馆的授权下，旅游景区与博物馆联合开发，景区用博物馆的文化元素进行布置，打造带有博物馆文化色彩的旅游景区，通过博物馆文化提高景区的文化内涵，博物馆文化通过景区得以宣传。二是景区建博物馆模式。是指旅游景区在已有的旅游风景区的基础上，修建博物馆以拓展业务的旅游开发模式。一些旅游景区，为配合景区主题或体现文化内涵，在景区内修建博物馆。三是博物馆景区化模式。即在博物馆建筑实体的基础上，进行景区化打造，如增加绿地、建设园林小品景观等，使博物馆内外环境相呼应，让游客在室内文化欣赏的同时，也可欣赏到自然景观，缓解疲劳感，是博物馆休闲化的重要途径。

（2）博物馆+酒店

这种开发模式也有三种具体模式：博物馆文化主题酒店模式、酒店开发博物馆模式和博物馆酒店开发模式。一是博物馆文化主题酒店模式。这种类型的酒店以一种代表性的博物馆文化作为自己的主题，不仅在建筑风格方面进行展现，而且收集具有代表性的文物珍品或复制品进行内外装饰，使游客得到沉浸于文化博物馆中的体验。如土耳其卡帕多奇亚博物馆酒店位于卡帕多奇亚的至高点——乌奇希萨尔（Uchisar）教堂脚下的山坡上，酒店所在的特殊区域包括许多拥有几千年历史的洞穴和石屋，酒店就是一座"活着"的博物馆，那些被希泰人、波斯人、古罗马人、塞尔柱人、奥斯曼人用作住所、厨房、货摊、仓库的洞穴和石屋全部复活，变成了酒店的前台、套房和餐厅。二是酒店开发博物馆模式。是指酒店有专门的展览馆或博物馆，所陈列的物品不是简单的装饰品，而是具有很高文物价

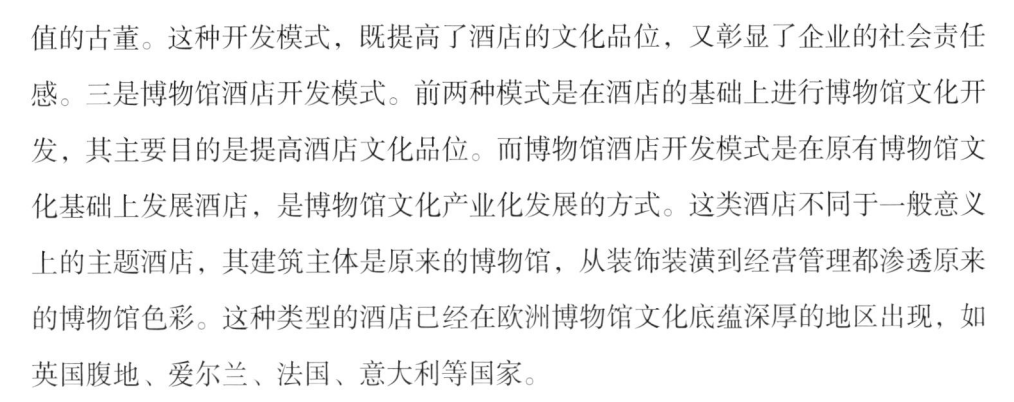

值的古董。这种开发模式，既提高了酒店的文化品位，又彰显了企业的社会责任感。三是博物馆酒店开发模式。前两种模式是在酒店的基础上进行博物馆文化开发，其主要目的是提高酒店文化品位。而博物馆酒店开发模式是在原有博物馆文化基础上发展酒店，是博物馆文化产业化发展的方式。这类酒店不同于一般意义上的主题酒店，其建筑主体是原来的博物馆，从装饰装潢到经营管理都渗透原来的博物馆色彩。这种类型的酒店已经在欧洲博物馆文化底蕴深厚的地区出现，如英国腹地、爱尔兰、法国、意大利等国家。

（3）博物馆主题商场

这是一种博物馆与商场联合开发的方式，商场以博物馆文化为主题进行打造。如运用代表文化内涵的博物馆藏品的复制品进行装饰突出商场的文化性；商场休息区打造成博物馆文化游憩区；商场的卖品部出售博物馆文化主题纪念品等。

6. 业务拓展模式

业务拓展模式是指博物馆在基础业务（收藏和保护文物、开展社会宣传教育、进行社会科学研究等）的基础上，进行博物馆功能的改革，以延伸博物馆旅游产业链，拓展发展空间，如博物馆餐饮开发、博物馆文创产品开发、博物馆研学产品开发及博物馆住宿的开发等。

（1）博物馆餐饮开发

是指博物馆通过开设特色餐厅、茶吧、酒吧、咖啡吧等形式拓展业务的方式。这种发展方式不同于主题餐厅、主题酒吧等形式，它是把餐厅、酒吧等作为博物馆的一种经营业务，目的是增加博物馆经营收入。博物馆餐饮的开发方式一般有两种，一是博物馆自设餐厅，博物馆直接经营、自负盈亏；二是博物馆通过出租营业地点或授权许可经营等形式，只收取租费或授权许可经营费。

2019年12月9日，由陕西历史博物馆与必胜客共同打造、全国首家与博物馆合作的必胜客餐厅——西安曲江必胜客花舞大唐博物馆餐厅正式启幕，这也是全国第一家能获得博物馆体验的新型探索者餐厅。餐厅内部装饰将陕西历史博物馆"花舞大唐春"元素，融入盛唐建筑形式，并通过现代的艺术美感呈现，为游客提供博物馆旅游、用餐之外的文化附加值，更为城市打造了新型的互动空间。

陕西历史博物馆必胜客餐厅

（2）博物馆文创商品开发

博物馆文创，是指以博物馆的馆藏资源为原型，吸收和转化博物馆藏品所具有的符号价值、人文价值和美学价值，以创意重构出具有审美价值、文化价值和实用价值的新产品，并在市场中寻求价值认同。世界范围来看，英国、法国、美国等地著名博物馆在文创产品开发方面卓有成效。以法国为例，法国博物馆已发展出一套成熟的文创产品开发思路和模式，在产品创意、设计、生产、渠道、售后等方面形成了完整的产业链，文创产品的销售收入占博物馆收入比重非常大。国内来看，在文旅融合的背景下，越来越多的博物馆参与到文创开发的潮流中，许多文创产品成为爆款，从传统的书签、明信片式的旅游纪念品，到衣食住行面面俱到的文化产品，博物馆的文创产品正在走入千家万户。据不完全统计，2017年国内博物馆的文创产品开发收入约35.2亿元，开发文创产品种类超过4万种。国内涌现出故宫博物院、中国国家博物馆、恭王府博物馆、上海博物馆、苏州博物馆等一批文创产品开发明星博物馆，一系列特色鲜明的文创产品深受消费者青睐，这其中，故宫博物院的表现尤为突出。据了解，故宫博物院收藏珍贵文物168.449万件，占全国珍贵文物的41.98%，文创产品的种类突破了1万种。物馆文创开发，应注意以下方面：一是对文物价值充分挖掘，挖掘得越深刻，文创产品的品质就越高；二是加大人才培养力度，积极培育文创人才；三是加大联合协作，推动运营模式创新，促进跨界融合，把线上线下、IP授权、设计制作等有机结合起来；四是推动文化与科技深度融合，给文创产品赋予科技的力量。

（3）博物馆研学产品开发

博物馆作为公共服务机构，具有丰富的研学教育资源。近年来，我国相关部门先后出台的《博物馆条例》《关于推进中小学生研学旅行的意见》《关于促进全域旅游发展的指导意见》等政策为博物馆研学产品开发提供了发展方向。开发研学产品也是博物馆发挥社会教育功能的重要手段。博物馆研学产品的开发可以通过两种途径来实现：一是博物馆内部组织各种类型的活动，对前来参观的游客进行教育和培训；二是成立专业化的培训机构，通过与学校等的合作，对中小学生进行专门化培训。在博物馆研学产品的开发中，应充分利用互联网技术，通过虚拟与现实、线上与线下相结合的方式让研学产品活起来。同时研学产品可以多元化，游戏、动漫、影视等都可以作为研学产品的呈现方式，让博物馆研学产品既有文化内涵，又符合市场需求。

（4）博物馆住宿开发

这种开发方式与前述的博物馆酒店开发模式有所不同，博物馆酒店开发建筑主体是原来的博物馆，是将之前的博物馆开发为现在的酒店。而博物馆住宿开发，则主要是在博物馆建筑主体之外，为游客进行户外休闲提供住宿设施和简单餐饮服务的一种开发方式。这种开发方式拓展了博物馆的经营渠道，为游客提供了良好的休闲度假环境。在住宿产品开发时，要将博物馆文化融入餐厅、酒店，包括装饰设计、食宿用品、客户服务等方面，突显博物馆文化特色。

二、博物馆旅游开发管理机制

1. 博物馆旅游开发管理机制解析

（1）董事会领导下的"馆长负责制"

"董事会领导下的馆长负责制"即以董事会为博物馆的最高权力机构，对博物馆起顾问、咨询及协助筹款等总体指导作用。博物馆的日常事务由董事会挑选、任命馆长全权负责。

美国博物馆普遍实行"馆长负责制"。过去，美国的博物馆馆长理所当然是从博物馆的业务部门主任、大学教授、学术界的专家中挑选产生，但近些年来，越来越多的博物馆在挑选主要管理者时，更加注重其经营管理能力，因此一些没有任何博物馆相关背景的商界成功人士走上了博物馆的关键岗位甚至馆长。美国博物馆中还有一个十分重要的职位：Curator，是美国博物馆最主要的学术研究力量，类似于我国的"研究馆员"，其基本职责是管理藏品、策划展览。此外，美国博物馆还十分重视建立各种顾问和咨询性质的组织，广泛吸收社会各界知名人士参加，这些组织成为博物馆筹款、经营、业务等方面的重要帮手。

（2）"小政府"运作下的"委托管理委员会制"

"委托管理委员会制"是指政府按照间接管理的原则，通过制定一系列非强制性和鼓励性的建议，为博物馆提供一个政策框架，通过财政拨款和中介机构（委托管理委员会）实现管理意图。

博物馆实行"委托管理委员会制"的代表性的国家是英国。英国博物馆的委托管理委员会主要由 10-20 名来自社会的名流、专家学者组成，任期五年，任满后可连任一届，其主要责任是对博物馆的藏品负责，确保博物馆在称职的馆长和馆员的主持下正常运行。一般每年召开四次会议，就博物馆的重大决策进行表决。委托管理委员会负责代表公众对博物馆进行监督和控制，审查并批准博物馆馆长执行计划情况，就博物馆的重大决策进行表决，并负责制定博物馆的发展规划和主要工作政策。

（3）多方参与的"协会管理制"

"协会管理制"是指政府、社团、企业、各种文化组织共同构成的管理协会，对博物馆进行统筹管理。由于管理协会的组成人员涉及党政、文化企事业、研究机构等各个领域，并且具有较强的衔接市场的纽带作用，因此，该种模式能够更好地为博物馆的开发建设提供服务。

（4）"混合管理制"

"混合管理制"即博物馆的所有权归政府所有，但经营权归企业实体董事会负责。随着博物馆旅游行业的发展及相关分工的不断细化，博物馆所有权及经营权的分离能更好地促进各方面资源的配置，实现动态平衡模式下良好的运行与发展。

目前，"混合管理制"模式在国内应用较少，部分有关部门和地方领导认为，只有将文博单位的管理权和经营权从文化（文物）中分离出来，纳入到旅游企业，运用市场经济手段对文物资源进行市场化经营，才能实现文物事业和旅游企业的共同繁荣，毕竟有的博物馆一年门票收入远远超过几个中等企业的收入，且投入少，见效快，而社会各界和文博单位的同志们对此则持保留和不同的态度，认为将文博单位的文物管理权转移到旅游公司，把文物资源作为普通资产纳入市场化经营开发，这种做法，违反了《文物保护法》。

目前，我国经济列车的高速持续运行，而博物馆的旅游开发管理机制也应与时俱进。辩证的处理好开发与保护的关系，权衡各种利弊，摒弃守摊式的管理模式，创造适合博物馆开发保护所需要的经营实体，以社会效益为最高准则，兼顾其经济效益，才能逐步增强博物馆旅游的造血功能，实现长足发展。

2. 我国博物馆旅游开发管理机制构想

我国大多数的博物馆处于事业体制之内，传统的博物馆开发管理模式让众多博物馆长期生活在象牙塔里，缺少市场的竞争和驱动，导致博物馆经营管理与游客需求的错位。大多数博物馆过多关注自身的文化资源和优势，对市场需求了解较少，供需不匹配导致了博物馆同质化、公共服务设施落后、服务意识薄弱、创意创新不足等一系列问题。因此，需要在做大做强博物馆公益性、教育性、研究性、展示性的同时，出台相关意见办法，鼓励企事业单位、社会民间团体、个人等各类力量向博物馆提供支持，对博物馆进行管理服务、展陈设计、人员培训、效益拓展等方面的支持和帮扶，公私联手促进我国文博旅游大发展。

（1）"研究馆员主管制"

"研究馆员主管制"是国外董事会领导下的"馆长负责制"（上一小节中已分析，主要代表国家为美国）博物馆旅游开发管理机制的引入与升级。研究馆员的工作是对博物馆藏品鉴定、保管和保养，对陈列或展览以及社会教育工作有独到的研究心得和见解，他们是博物馆里的学术带头人，能够把自己的专业和博物馆旅游工作有效的结合，提升博物馆学集、收藏、科研和教育工作水平。实行这一制度的效果是改变了"官本位"导向，逐渐建立起以业务专家为导向的管理序列。实行研究馆员主管制就是要赋予专家管理业务的职能并因此而享受应有的待遇，打破博物馆界积习深厚的小手工业和古玩行封闭的传统，培养团队精神。鼓励以团队为单位出成果，树立正确的博物馆旅游业务指导思想，正确处理博物馆科研、博物馆旅游与其他日常业务工作之间的关系，以确保博物馆旅游能接"地"气、接"人"气。

（2）"项目制"

项目制是在许多领域成功运用的有效方式，我国博物馆可结合国情、博物馆的性质等，融合国外的开发管理机制，实行具有中国特色的"策展人"制度：展览的策划、组织、实施，经费的安排、使用均有"策展人"负责。可采取的主要方式有：就重大课题或展览项目选定负责人，馆领导或部门领导起指导、保障作用；项目负责人负责制定工作方案，并全程负责项目各项工作的组织实施；项目负责人可在全馆各部门挑选完成项目所需的人员；项目负责人不仅负责业务员，也负责经费预算的制定和开支管理；项目负责人在任务完成后负责提出总结报告和奖励名单以及超收奖励的分配办法。这种方式有利于博物馆更好的对接旅游市场，促进博物馆的经营开发与经济效益挂钩，在提高效率、节约成本、保证质量、增加收益、集中优势力量突出中心工作等方面也具有明显的作用。

三、博物馆旅游发展实施路径

1. 时空融合路径

（1）追根溯源，让博物馆旅游"深"起来

当今人们对博物馆旅游的需求由"宽"转向"深"，越来越多的体验者希望通过旅游收获更多的艺术、历史等文化知识，达到提升自我、陶冶自我的目的，因此深化博物馆的内涵，强化博物馆的文化建设，提供深层次、多层次的旅游产品，并以浅显易懂、人物互动的方式实现博物馆与旅游者的共鸣显得尤为重要。

藏品是博物馆的立馆之本，收藏是博物馆的主要功能，因此博物馆的文化建设的首要方面就是藏品文化建设。加强藏品文化建设，要根据博物馆自身特点和所在地区历史优势，以与时俱进的发展眼光进行高水平、高质量的藏品遴选展陈，并对藏品深入研究和挖掘，提升藏品价值，深化藏品文化内涵与厚度。

近年来，泉州市博物馆对刺绣文物的收集及研究上不遗余力，已累积了相当数量的展品。2019年2月25日，"金玉华裳中华传统服饰臻萃展"于泉州市博物馆开展。结合时下因宫廷剧大火的"莫兰迪色"，泉州博物馆通过服饰背后展现的等级规矩、织绣技艺、首饰配饰，让游客重新认识了号称"织染天下最"的泉州。

金玉华裳中华传统服饰臻萃展

加强展陈文化建设，是联系博物馆与游客的重要纽带，也是博物馆实现自身价值的主要途径。加强展陈文化建设，需要依托博物馆自身的馆藏藏品优势和特色，植根地方文化，策划主题鲜明、内容丰富的展览活动，通过生动多样的展陈方式向参观者展现博物馆深厚的文化底蕴及独具一格的特点与个性。

哈尔滨金上京历史博物馆

哈尔滨金上京历史博物馆是目前关于女真族记录最为完整和系统的综合博物馆，馆内展陈物品及博物馆的整体风格体现了时期特有的文化特征。博物馆的建筑风格尽力保留了当地作为女真族发源地的文化特点，外部景观以白色为主，辅以各种古代冷兵器摆设，顿时让游客仿佛置身于金的军营之中。博物馆大厅中金建立初期的四位帝王塑像使参观者直观地感受到金文化的恢宏大气。

（2）超级连接，让博物馆旅游"活"起来

想要让博物馆旅游充满活力，除了在内容上要深入浅出，在手段上也要使用高新技术手段进行创新。科技与文化历来紧密相连，如影随行。要站在科技的发展前沿，充分运用互联网时代的先进科技手段改造传统陈列方式和传播途径，丰富博物馆的表现形式。

2018年"5·18国际博物馆日"的主题为"超级连接的博物馆：新方法、新公众"。"新方法"是指在互联网科技时代，博物馆需要充分融入和利用科技手段、信息化方式，开创藏品展示与解说的新方法、新手段、新路径；而"新公众"则是在利用互联网技术、数字技术等新方法之后，通过数字博物馆、虚拟旅游等方式，使缺乏时间、或缺乏交通费用、或缺乏独立外出能力的都市白领、贫困人群、老年人、小孩、残疾人等这些没有机会走进博物馆的受众群体变成博物馆的新"粉丝"，从而促进博物馆旅游。

2019年11月，腾讯首款AR探索手游《一起来捉妖》上线全新博物馆版本，游戏选择与五大博物馆深度合作，将这些馆藏文物，或者说在地下"深宅"千年，出土后又珍藏在博物馆几十年的"千年宅男"们进行IP超活化定制，云南省博物馆的镇馆宝藏"宋大理国银鎏金镶珠金翅鸟"、三星堆博物馆的王国重器"三星堆铜纵目面具"……多款"镇馆之宝"化身文物之灵，进入游戏陪伴玩家。AR技术的运用，不仅让博物馆内展示的千年文物接地气式的活化，更让青年游客群体实现由"宅"到迈入博物馆旅游的华丽转身。博物馆与捉妖游戏的"科技＋文化"超级链接，正是博物馆鼓励游客亲近文物的活动，以游戏连接博物馆和年轻化市场群体的崭新尝试。

捉妖游戏＆三星堆博物馆

（3）差时经营，让博物馆旅游"亮"起来

博物馆承载着太多的文化内涵，是一个国家、一个地区、一座城市向世界展示的重要窗口。在博物馆旅游发展过程中从"时间维"的角度，通过市场化运作，博物馆旅游不仅可以纵向延伸，还可以横向发展，增强博物馆的旅游吸引力。如根据不同层次的游客需求选择不同的主题内容，周末主推什么，平日又以什么为侧重，或针对白天和黑夜、四时节气的变化推出不同的主题活动。

当前，大多数博物馆的开放时间为"朝九晚五、周一闭关"，开放时间与工作时间的高度重合无形之中将大量的旅游拒之门外。但随着多地促进夜间旅游经济相关政策的出台，夜间旅游成为游客的新偏好。据相关数据显示，游客的平均夜游时常达到 3.5 小时，晚 8 点到晚 10 点是夜游活动的最高峰。博物馆应该探索并尝试在夜间时段开放，以满足游客日益旺盛的夜间旅游需求。同时利用灯光秀、主题活动等为游客带来异样的旅游体验。

2019 年正月十五，故宫首次夜间开放，以"紫禁城上元之夜"为主题的灯会成为正月里北京最靓丽的夜间旅游产品。2019 年 7 月，上海博物馆开放了首次特展夜场——"熠熠千年：中国货币史中的白银""灼烁重现：十五世纪中期景德镇瓷器大展"和"浮槎于海：法国凯布朗利博物馆藏太平洋艺术珍品展"，博物馆夜旅游的微信预约报名，2000 个名额于 15 分钟内告罄。博物馆夜间旅游在夜间经济中起到了"衔接点"作用，博物馆的夜间开放激发了市民文化消费的深度、广度与多样性，增强了市民夜间消费的活力，对包括交通、购物、餐饮等一系列消费活动起到良好的集聚拉动效应。

2. 地域融合路径

（1）"大博物馆旅游综合体"式融合发展路径

"大博物馆旅游综合体"式融合发展路径原指在较大区域内部建立相应的博物馆文化空间。此处将该定义引申至博物馆旅游的发展实施路径方面，即对博物馆所在的一定区域，将博物馆旅游开发作为空间发展的先导，协同周边进行同步的、综合的开发，形成以博物馆主题为中心的文化主题群落。

博物馆旅游作为经济发展的一种高端形态，对其所在地区的基础设施提出了更高的要求。这些基础设施包括交通、邮电、商业服务、科研与技术服务、园林绿化、文化教育等市政公共设施和公共生活服务的方方面面。而以博物馆主题为中心的文化主题群落便是由这些基础设施所构成，如博物馆区域内相应主题的文化公园、文化酒店、文化书屋等。通过"大博物馆旅游综合体"式路径，既可以使博物馆在不打破其原有功能的基础上，又可以将博物馆推向市场，使其具有丰富的休闲、娱乐功能，政治性、教育性、专业性、实用性、轻松化、平民化、休闲化、娱乐化兼具，从而拥有更加广阔的发展空间。

（2）"博物馆联盟"式融合发展路径

"博物馆联盟"式融合发展路径是指博物馆通过陈列展示、学术研究、社会教育、文创开发、人才培训交流等方面与在某些方面具有某种共性的博物馆开展合作，以实现互补性的资源交换，获得长期的市场竞争优势，达到持续发展的目的。

建立"博物馆联盟"是中国文化繁荣发展的时代潮流。2019年12月23日，黄河流域九个省区的45家博物馆联合成立黄河流域博物馆联盟（见下表），其定位是在国家文物局和黄河流域九省区文物局指导下，由黄河流域九省区的文博机构、科研院所和相关机构等共同建立、聚焦黄河文化的公益性非营利的合作组织。黄河流域博物馆联盟筹备组和秘书处设在河南博物院，每两年进行一次召集单位换届选举。通过黄河流域博物馆的建设，可以更好地讲述"黄河故事"，更好地弘扬黄河文化，延续历史文脉，促进博物馆旅游的高质量发展。

黄河流域博物馆联盟成员单位列表

青海	青海省博物馆 玉树州博物馆 青海柳湾彩陶博物馆 喇家遗址博物馆 青海省黄南州民族博物馆
四川	四川博物院 三星堆博物馆 成都博物馆 甘孜州民族博物馆 阿坝州民族博物馆
甘肃	甘肃省博物馆 天水市博物馆 临夏回族自治州博物馆 庆城县博物馆 会宁红军长征胜利纪念馆
宁夏	宁夏回族自治区博物馆 固原博物馆 西夏博物馆 石嘴山市博物馆 盐池县博物馆
内蒙古	内蒙古博物院 鄂尔多斯博物馆 内蒙古河套文化博物院 呼和浩特博物馆 包头博物馆
陕西	陕西历史博物馆 秦始皇帝陵博物院 西安碑林博物馆 延安革命纪念馆 韩城市博物馆

续表

山西	山西博物院 山西省艺术博物馆 山西省民俗博物馆 临汾博物馆 大同市博物馆
河南	河南博物院 黄河博物馆 郑州博物馆 开封市博物馆 洛阳博物馆
山东	山东博物馆 孔子博物馆 济南市博物馆 济宁市博物馆 菏泽市博物馆

3. 品牌创新路径

博物馆旅游发展转型以重要方面就是建立起具有自身独立 IP 的文化品牌。品牌的形成有利于提高一座博物馆乃至一个地区的无形资产，提升博物馆及所在区域文化的核心竞争力。博物馆旅游品牌的树立体现在其产品或服务的风格、形式、元素的方方面面，在旅游细分市场上具有一定的不可替代性，在获取旅游收益的同时，亦能帮助博物馆打造跟丰满的受众形象。

（1）文创"圈粉"

打造独具特色的博物馆文创产品是博物馆旅游发展的一个重要手段，它一方面能够促进消费者购买而增加博物馆的旅游经济收益，另一方面对于传播、传承及弘扬博物馆文化和中国传统文化也有着极大的推动作用。博物馆文创产品的创意和设计需要能够最大程度的展现博物馆馆藏的经典元素及其精神文化内涵，同时，结合人民日益变化的旅游需求进行博物馆旅游产品功能的最大化开发，让博物馆的品牌影响能够从博物馆延伸到旅游者的生活中，实现博物馆品牌建设和经济效益的双赢。

在博物馆文创方面，故宫文创一骑绝尘。故宫博物院是世界上收藏中国文物最多的博物馆，所有藏品中超过 90% 是珍贵文物，其所保管的国家珍贵文物占全国定级珍贵文物的 42%。故宫博物院紧抓"国潮"和"新文创"市场，充分利用博物馆内的藏品，挖掘故宫博物院相关历史文化底蕴，并通过入驻天猫、大牌合作、品牌授权、线上博物馆等形式，强力"圈粉"，"怒"刷"存在感"。以故宫 IP 为首的文创品牌，带动了博物馆文创产业"井喷"，严肃的博物馆纷纷打起了"创意牌"。截至 2017 年，国内已有 2500 多家博物馆、美术馆、纪念馆围绕自己的馆藏产品进行 IP 开发，虽然无论从营收还是从影响力来看，在数值上与故宫仍有着较大的差距，但相对自身而言，每家博物馆都在大踏步地向前。

（2）互动先行

除去前面所述的互联网科技互动体验，结合博物馆文化特色，丰富博物馆旅游过程中的食、住、行等环节也能够更好地为博物馆品牌赋能。旅游过程中有形的物理空间可以满足游客在博物馆旅游中的其他需求，使展览与旅游产品相得益彰，带给游客独特的体验，增强博物馆品牌吸引力。

故宫文创品牌在天猫上的宣传互动

2016年，芝加哥艺术博物馆为了给即将开幕的《梵·高的卧室》（Van Gogh's Bedrooms）展览造势，与Airbnb展开了合作。根据梵高这位传奇艺术家的油画重建了他在法国Arles期间曾经生活过的卧室，并将它放在了Airbnb网站上接受预定，花10美元就可以体验到住在梵高画里的奇妙感。这个房源的有效日期是2月14日到5月10日，和展览同步。"梵高的卧室"在Airbnb上线仅几分钟，就被一抢而空。

"梵高的卧室"订房网站

"梵高的卧室"实景

芝加哥艺术博物馆通过复原梵高的卧室，让艺术不再那么高高在上，有助于人们了解真实的梵高以及他的生活，实实在在地触摸到他的灵魂，博物馆的艺术教育功能也完美履行。

第五章 旅游区如何做博物馆

一、旅游博物馆的内涵

我国旅游业正处于文旅融合新时代，市场规模不断扩大，但在产品、技术等方面创新性和引领性不足，发展遇到瓶颈。而大量的数据和案列证明，博物馆被大众认为是目的地国家或地区的文化标本，是提升旅游吸引力的第一载体，因此在产业融合开启阶段，在战略性问题没有梳理和把控清楚的情况下，旅游博物馆是实践过程中达到事半功倍效果的不二选择。旅游博物馆有效整合、展示和保护优势旅游资源，将其转化为核心吸引物，是文旅项目超级 IP 的完美诠释，同时成为景区（点）去门票化趋势下，文旅业态创新增收的新平台新渠道，注定要担负起快速丰富旅游业深度和广度，提升文旅融合价值的先行者的使命，为开创文化旅游发展新模式注入动能，推动文化产业与旅游产业资源共享、市场共建、互利共赢的发展格局建立。

旅游博物馆与传统博物馆相比较还是有一定的差别，一方面虽然文化产业和旅游产业的发展是相互渗透的，但毕竟发展领域不同，分别是两个庞大的系统，且两者在各自的发展轨道上又具有常年累积下来的发展逻辑和思维惯性，两者的融合涉及观念、制度、机制、市场、人才等多个方面，是一个长期性的任务。博物馆作为城市公共文化服务体系中的重要场所，在旅游开发过程中，无论是国有博物馆还是民营博物馆开展旅游及相关活动需要协调处理的程序较繁琐，所属的主管部门不同，决策角度及出发点就不同。而旅游博物馆不同，其没有明确的限制门槛，具有开发建设过程中限制更少、开放时间更自由、管理体系更独立等优点，建设的宗旨就是推进旅游优质发展，一般管理部门都是当地政府或旅游开发公司，政策扶持力度大一些，开发过程中面临的认知冲突及遇到的阻力相对小一些，对旅游业发展的带动效应更直接，综合贡献值更高。

另一方面，旅游博物馆可以是单独存在，也可以是专门为旅游目的地、景区（点）、乡村旅游点等量身打造的特色文化旅游产品，较一般的综合型博物馆文化功能及定位更具有原创性与独特性，在兼顾博物馆功能的基础上，增加了旅游的休闲及娱乐功能，展示形式更多样，服务范围更多元，包容性开放性更强，释放的市场活力更大，一定程度上增厚了旅游客群基础，从而进一步挖掘旅游消费潜力。

二、旅游博物馆价值体现的重要性

1. 满足人民日益增长的文化旅游需求

旅游业作为幸福产业，满足人民群众对美好生活的向往是新时代的根本任务，在中国整体实力提升及物质生活满足的情况下，旅游动机转化为对文化的回归及知识的渴望。艾瑞网发布的《旅游市场五大主流趋势》报告中显示，以年轻化客群为消费群体的消费需求日益增多，当下"80""90"后日渐成为出游主力军，"00"后出游人群增长显著，作为旅游细分市场的重要分支，亲子游、青年游市场热度持续高涨，观光旅游产品已不能满足他们，相比较个性多样的一站式综合旅游产品更受偏爱，旅游过程中精神需求、心灵需求、体验需求、真实性需求不断提升，对旅游内容的文化性以及知识求知需求也不断提升，因此旅游博物馆类展示方法多样、承载信息多、产学研媒多附加值的文旅产品成为旅游市场消费升级的客观需求。

新技术革命飞速发展和机械化快节奏的城市工作与生活加剧人民心灵异化，催生出更多新一代渴望回归乡野、诗意栖居、精神安顿的文化旅游消费需求，使乡村旅游博物馆、民俗博物馆、非遗博物馆等产品逐渐成为新宠。

2. 弥补传统旅游产品的供给不足

传统旅游产品及节庆活动受季节性、时间性影响严重，但在全域旅游发展理念提出后，旅游市场对全时空业态的布局高度重视，很想扭转旅游资源受季节性影响的问题，而旅游产品季节性的成因无非是旅游者游览时间的选取以及气候变化导致旅游资源在时间向度上出现的一定变化,如夏季旅游产品集中于滨水休闲、清凉避暑、乡居田园等主题,冬季旅游产品集中于冰雪娱乐、温泉养生等主题,市场供给很少能出现一年四季都可以享受的产品,同时旅游者的假期相对固定,短暂的游览时间中还极有可能受到气候的影响,春节、小长假、寒暑假、黄金周是旅游高峰期,集中出行体验感不好,旅游市场乱象频出,对社会、自然生态环境等带来诸多负面影响。而旅游博物馆作为独立个体,可以不依附于任何旅游景区(点)、乡村旅游点等存在,不会因季节变化影响资源价值的发挥,对提升旅游体验感、缓解公共资源压力、解决产业失衡问题、稳定旅游就业等方面具有积极作用,可以成为四季皆可游的旅游业态,此外也缓解了节庆活动场地选取、时间选定、服务设施布局等压力,可以更加专注于旅游营销策划宣传的工作,有效缩减成本,实现提高知名度和影响力的多重效益。

为丰富夜间经济消费业态,促进夜间经济发展,北京、上海、广州、杭州等地纷纷出台促进发展夜间经济的政策,自2019年8月份起,"博物馆不打烊·点亮夜间经济"成为新闻热点,一时间博物馆成为"网红"标志打卡地,各大博物馆延长日有设施开放时间,延长资源及设备利用率及价值,繁荣"夜娱"文化体验活动,为上班族、夜猫子及亲子等客群增加了消费机会,提高了时间利用率,带来了与白天完全不同的旅游体验。旅游博物馆恰能满足多年来旅游业"四季+全时"旅游项目开发的目标以不同视角、不同体验方式展示资源特色,产生的效益也不尽相同,也可以实现旅游品牌的差异化特色经营理念,从而赢得市场占比。

同程艺龙与马蜂窝共同发布的《新旅游消费趋势报告2019》显示,AI等科技技术在旅游行业的应用将对旅游消费产生深刻影响,AR/VR技术的应用对消费者获取旅游资讯的方式产生了重要影响,进而改变了旅游消费决策模式。博物馆的权威地位及科技含量较传统旅游产品高,因而旅游资源与科技资源融合的旅游博物馆在大批主题雷同的产品中脱颖而出,可打造沉浸式体验场所,而且一些智能云平台、智慧云游产品的开发,可以解决旅游者出行受距离、交通、时间等限制因素的困扰。

3. 强化旅游发展的社会价值

（1）遵循符合中国特色社会主义文化理论

文旅融合的提出背景离不开国家倡导的传统文化复兴的战略决策，国务院颁布的《关于完善促进消费体制机制进一步激发居民消费潜力的若干意见》中提到鼓励把文化消费融入到各类消费场所，各项文旅融合发展政策均说明旅游目的地、景区（点）、乡村旅游点等建立旅游博物馆成为大势所趋，是树立文化自信的重要内容，对于中国特色社会主义文化理论建设具有重大意义。

（2）确保旅游资源的有效保护和利用，实现可持续发展

应转变大多数博物馆在遗产保护过程中注重文化属性的物质性历史文化遗产超过自然属性的景观性文化遗产的理念偏差，借鉴博物馆严格的管理制度，综合评价旅游资源，采取有效保护且利益最大化的方法开发。对于自然景观及文化资源周边生态圈的保护设立露天旅游博物馆，整体保护，延长旅游链条，促进旅游健康可持续发展。

（3）树立优秀旅游形象，振兴经济发展

《关于完善促进消费体制机制进一步激发居民消费潜力的若干意见》中提出总结推广引导城乡居民扩大文化消费试点工作的经验模式，新确定了一批国家文化和旅游消费试点城市，因旅游博物馆文化属性强，落实规划的内容更有理有据，形成有始有终的时间串联线路，可以作为城市文化传播的窗口，树立城市名片，对创新提高城市地位有推动作用。

（4）促进区域协同合作发展

旅游博物馆应以文化共鸣搭建旅游协同合作平台，发挥博物馆公共服务性，实现资源交互与协同、促进交流与传播，成为精品旅游线路重要节点，能实现大旅游发展格局。

三、旅游要素与博物馆结合发展

1. "食+博物馆"结合模式

"民以食为天",涉及"食"这个要素的博物馆,更加应该将"食"体现得淋漓尽致。食与博物馆结合也分为两种情况,一是"食"为配角,为游客提供餐饮服务,作为博物馆的配套;二是食元素是主角,博物馆以"食"为主题,介绍该食元素的前世今生。

(1)即使"食"作为配角,也应该与博物馆的气质相符合,最优的选择是博物馆根据自身特点进行"食创",开发带有自身文化特性的食物。其次是选择博物馆所在地或者博物馆文化内涵传达地的特色食物,让游客在品尝食物的时候接受博物馆的文化传达。最后是选择常见的简餐,降低餐饮配套成本。

(2)"食"作为博物馆主角出现时,除了运用资料介绍该食元素的发展历程及特色,让游客真实感受到该食物的内涵更为重要。日本的新横滨拉面博物馆就通过情景再现体验展示了拉面的发展,并通过将拉面名店聚在一起的方式向游客展示了日本各地的拉面差异,让游客在真实体验中感知日本拉面文化。

新横滨拉面博物馆内部昭和年代街景复原

新横滨拉面博物馆是一座怀旧式拉面主题的博物馆,复制了1958年东京的街景，成立于1994年，根据200多年来收集到与拉面有关的详细资讯所打造而成，主要展示拉面的历史和文化，以"不用坐飞机就可以吃到日本各地的拉面"为概念而设计建造，是了解日本拉面历史、文化，和一站式品尝日本各地地道拉面的绝好去处。

拉面博物馆共分为三层，地面的一层为一个拉面展廊，展览所有与面有关的东西。其中一个主部分就是展出全日本所有的即食面及杯面，达到数十种之多。展览廊的另一部分，则展出了与做面食有关的设施，包括面店及街头面档的陈设、器具、煮面所用的工具、各种面饼、面店人员的服饰以至外卖送面所用的手提外卖箱等，辅以文字介绍。博物馆的地下二、三层，是一条庞大的"拉面街"，里面的布置完全重现了日本20世纪五十年代（昭和三十年代）的情景，有人造天幕、旧建筑物、民居、街道、公园、路灯、戏院等，让人身临其境体验到昭和三十年代的商业文化。拉面博物馆经常策划各种推广宣传拉面的商业活动，自1996年起连续举行了七次大型各地拉面宣传活动，1999年4月还举行了"第一届拉面登龙门最终评选会"，在日本掀起一场又一场的拉面热潮。

新横滨拉面博物馆细节装饰

横滨拉面博物馆更偏向于商业型博物馆，所传递的文化内核均隐藏在商业元素里，这并不只在于它对传统的复制，在更大程度上是让人找到了传统民族文化与现代生活的共通点。拉面简单的食材与制作方式，既能让人联想到半个世纪以前喧闹的商业街道，也符合了现代人快节奏的生活方式。再加上拉面博物馆设计理念的人性化、新奇的文化体验活动以及复古逼真的建筑风格也让其风靡至今。

除此之外，拉面博物馆中的每一碗拉面，从食材到烹调方式都体现着日本的一大特点——精致。这里的拉面匠人最在意的并不是经济收益，因此他们也并不把自己当作有一项糊口的职业的技术工人，而更愿意把自己的产品看作是一种作品，得到购得或是欣赏到这件作品的人对他们的肯定和赞赏。置身于博物馆之中，漫步在20世纪下半叶的日本商业街道之上，人们所体验到的也不只是美食，还有蕴含其中的匠人精神——那是对自己和自己职业的尊重，每碗拉面、每个细节都做到精益求精。

2．"住+博物馆"结合模式

"住"这个要素并不涉及所有的博物馆旅游中，只有在大型的博物馆尤其是可以作为景区单独出现的博物馆中才会产生"住＋博物馆"的结合，结合方式也有两种，一是直接住在博物馆，二是通过住的主题建筑体现博物馆的文化内涵。

（1）直接住在博物馆的时候，"住"这个行为本身并不重要，重要的是通过"住"这个行为成为文化体验的一种方式，通过建筑来体会当时的人文内涵，这种形式更适合娱乐性较强的博物馆。在博物馆建筑中挑选适合开发的建筑，可以保持建筑外观，在不破坏建筑外观的情况下改善内部环境，以"现代化的居住环境＋原汁原味的建筑外观"使游客深入体会"住"这个元素。

（2）通过住的建筑体现博物馆内涵则是大多数人文景区型博物馆会选择的方式，比如大邑刘氏庄园博物馆。大邑刘氏庄园博物馆占地7万余平方米，是以景区本身作为了博物馆，通过庄园建筑本身就能体现社会变迁，是展示社会发展史的实物资料。

大邑刘氏庄园博物馆（Dayi Liushi Manorial Museum）始建于1958年10月，为川西坝子建筑风格，是中国近现代社会的重要史迹和代表性建筑之一。大邑刘氏庄园博物馆是根据"用具体而生动的事实说明旧中国几千年来封建地主阶级对农民进行残酷的压迫和剥削"的亲旨建成的。

大邑刘氏庄园博物馆

刘氏庄园本身就是一座博物馆，通过建筑反映了清中、晚期至民国初年川西农村的建筑形态、技艺及哲学思想、民俗传统，展示了当时的文化背景及社会发展。博物馆的建筑、馆藏、泥塑、遗存是认识和研究中国半殖民地半封建社会政治、经济、文化以及四川军阀史、民俗学、近代民居建筑的重要实物，也是中国近现代社会发展史的一个断面。

大邑刘氏庄园博物馆

大邑刘氏庄园博物馆的建筑风格既有中国封建豪门府邸的遗风，又吸收了西方城堡和教堂建筑的特色，中西合璧，特别以新馆较为显著。当时的文化内涵、社会发展的剪影就静静蕴藏在建筑的每个角落中。

3."行+博物馆"结合模式

旅游中的"行"元素讲究"出的去、进的来、玩得开"，因此博物馆在与"行"元素相结合的时候要特别注重游客本身的体验。当游客第一次来到一个几乎完全陌生的场馆时，博物馆建筑内部合理的交通流线对于参观人员的引导和暗示作用不可轻视，而其对于博物馆的整体布局甚至造型设计也起着不可或缺的作用，因此，结合博物馆的体量、功能性及自身展品的文化特点等，设计出更合适观众浏览的交通线则愈发重要。

博物馆的交通流线一般可以概括为3种基本形式，即串联式、放射式和通道式，每种形式既有自身优点也有自身局限性。

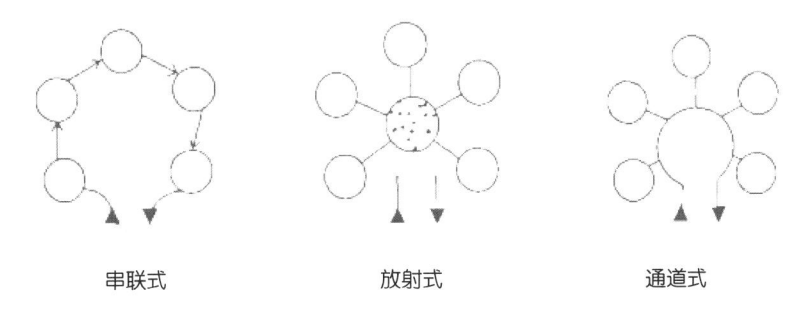

串联式　　　　　放射式　　　　　通道式

串联式交通流线指各个展览空间（展室）之间首尾衔接、相互套穿，这种形式使参观流程不重复不逆行不交叉，连续性极强，游客基本不会出现迷路的情况，但是由于参观流程过于单调，易于产生疲劳感，参观人员多时容易造成拥挤，适合较小的博物馆，特别是历史性的博物馆或者展品有较强的关联性和发展性的博物馆，便于参观人流在循序渐进的行程中对展品有全面连续的了解。

放射式交通流线指的是将各个展览空间围绕放射状的中心枢纽区进行组合，参观完一个展区需要返回中心枢纽，再进入另一个展厅。这个中心枢纽一般是博物馆的中心和亮点。这种形式使参观路线简单紧凑，各展厅保持相对独立，可以增加各展厅的使用灵活性。由于中心枢纽区的介入，各展厅的连续性减弱，可能会出现迂回观展现象。此种形式多应用于小型综合博物馆，也是大型博物馆底层核心交通流线的首选,上海博物馆、河南博物院、首都博物馆等的首层平面都是这种形式。

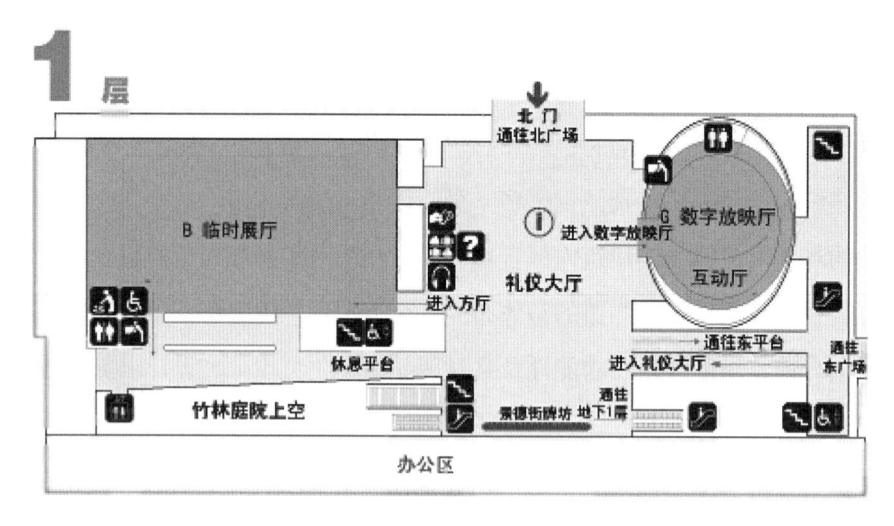

首都博物馆首层平面图

通道式交通流线指的是将各个展览空间经由一条贯通始末的通道联系成一个整体的交通组织形式,参观人员参观完一个展厅后需要回到通道,通过通道再进入下一个展厅进行浏览。这种方式既保持了各个展厅的相对独立性,也保证了较强的参观连续性和导向性,缺点是通道增加了参观的单调性,而且比较占空间。因此此种形式常用于大型博物馆非底层交通流线布局上,并与底层放射式交通流线形式相结合,形成或圆或方的中心围合式造型。

实际中经常采用组合的方式进行流线设计。

(1)放射+串联:各展厅围绕一个中心枢纽布置,同时各展览空间之间又首尾相串,如北京的自然科学博物馆。

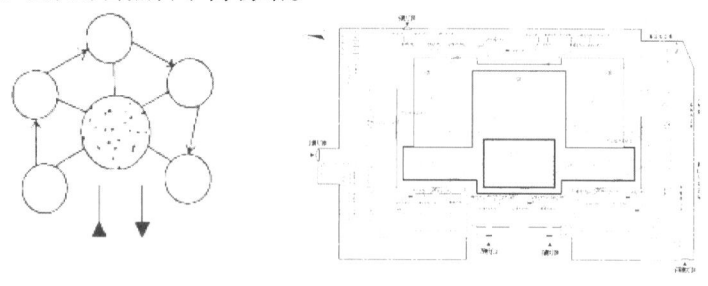

放射+串联组合布局　　　北京自然科学博物馆

(2)串联+通道:各个展厅或者其中若干个展厅直接贯穿联通,各展厅又通过一个贯穿始末的通道相互联系成一个整体,如苏州博物馆西部北面主展厅。

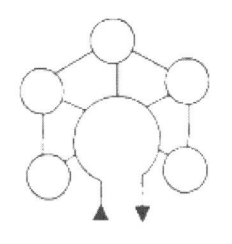

串联 + 通道组合布局　　　　苏州博物馆示意图

（3）放射 + 通道：将建筑分为几大体块,各体块之间以放射式流线形式围合出中央共享大厅,各体块又独立成体系,往往是一个专题性的展览区或功能区,每个体块多以通道式流线联系该体块各层展厅,多用于大型的综合性博物馆建筑。

4."游 + 博物馆"结合模式

"游"是旅游行为本身非常重要的一个要素,甚至可以说大多数游客的首要元素。"游 + 博物馆"最重要的需要是博物馆提供空间和内容。空间是指需要博物馆本身就是景点,拥有足够的旅游公共空间,为旅游活动的开展提供便利。内容是指博物馆的藏品,博物馆需要有足够数量和质量的馆藏品供游客参观,推动旅游活动的进行。

卢浮宫（法语为 Musée du Louvre）始建于 1204 年,位居世界四大博物馆之首,是法国文艺复兴时期最珍贵的建筑物之一,以收藏丰富的古典绘画和雕刻而闻名于世。现在卢浮宫已成为世界著名的艺术殿堂,世界最大的艺术宝库之一,是举世瞩目的万宝之宫。广阔的空间、珍贵的建筑物外观和丰富的馆藏为卢浮宫发展旅游提供了基础。

卢浮宫博物馆

卢浮宫原是法国的王宫，居住过 50 位法国国王和王后，是一座呈 U 字形的宏伟辉煌的宫殿建筑群，东立面是欧洲古典主义时期建筑的代表作品，占地约 198 公顷，分新老两部分，宫前的金字塔形玻璃入口，占地面积为 24 公顷，是华人建筑大师贝聿铭设计的。据统计，卢浮宫博物馆包括庭院在内占地 19 公顷，自东向西横卧在塞纳河的右岸，两侧的长度均为 690 米，整个建筑壮丽雄伟。用来展示各种珍品的数百个宽敞的大厅富丽堂皇，大厅的四壁及顶部都有精美的壁画及精细的浮雕。

卢浮宫博物馆走廊顶部

卢浮宫藏有被誉为"世界三宝"的断臂维纳斯雕像、《蒙娜丽莎》油画和胜利女神石雕,其拥有的艺术收藏品高达40万件以上,包括雕塑、绘画、美术工艺及古代东方、古埃及和古希腊、古罗马等6个大类。从古代埃及、希腊、埃特鲁里亚、罗马的艺术品,到东方各国的艺术品,从中世纪到现代的雕塑作品,到数量惊人的王室珍玩以及绘画精品等应有尽有。法国人将这些艺术珍品根据其来源地和种类分别在六大展馆中展出,即东方艺术馆、古希腊及古罗马艺术馆、古埃及艺术馆、珍宝馆、绘画馆及雕塑馆。

卢浮宫的"金字塔"

卢浮宫本身就是法国文艺复兴时期最珍贵的建筑物之一,藏品之精之多又让它成为观赏世界艺术精品的殿堂。卢浮宫除了藏品之外,贝聿铭设计的"金字塔"式卢浮宫博物馆也为巴黎市新增了耀眼的光彩。有了这座"金字塔",参观者的线路更为合理,在这里,可以直接去自己喜欢的展厅,而不必依次穿过其他展厅,或绕行。一个现代的博物馆,后勤服务设施一般占总面积的一半,过去卢浮宫博物馆只有20%的面积用于后勤,有了这座"金字塔",博物馆便有了足够的服务空间,包括接待大厅、办公室、贮藏室以及售票处、邮局、小卖部、更衣室、休息室等,卢浮宫博物馆的服务功能因此而更加齐全。

5. "购+博物馆"结合模式

旅游购物本身就是旅游资源,满足游客的购物体验需求,已成为很多旅游目的地最具吸引力的内容之一。旅游商品是旅游购物资源的核心,也是吸引旅游购物的根源。对于博物馆来说,最大的特色是自身藏品的文化内涵及代表意义,以博物馆的馆藏资源为原型,吸收和转化博物馆藏品所具有的符号价值、人文价值和美学价值,以创意重构出具有审美价值、文化价值和实用价值的新产品,并在市场中寻求价值认同,开发时尚、亲民、有趣、多元的文创衍生体系,通过文创产品促进博物馆文化的传播和价值的实现。

如维多利亚与艾伯特博物馆(通常缩写为V&A)成立于1852年,是英国第二大国立博物馆,以其海量的精美绝伦的藏品闻名于世,拥有约230万件藏品。呈现了从古代到现代的包括来自欧洲、北美、亚洲和北非等不同文化各种展品,涵盖了人类5000多年的文明史。

V&A 维多利亚与艾伯特博物馆

其馆藏丰富,可用设计元素众多。V&A本身是著名的维多利亚时期建筑物,共有145个展厅,分为5个陈列主题,即亚洲、欧洲、材质和技术、现代作品及特展区。展示空间共分4层楼,有伊斯兰、印度、中国、日本、韩国等多国历史文物,其中印度文物收藏号称全世界最多,韩国文物年代则可追溯至西元300年。这些从世界上众多最丰富的文化中精取的人工制品,包括27000多件作品以及

43000多幅画像，如含陶器、服装、家具、玻璃制品、金属制品、绘画作品、照片、印刷品、雕塑和纺织品等。

V&A 维多利亚与艾伯特博物馆藏品

在 V＆A 成立之初，阿尔伯特亲王就致力于将传统文化与当代美学方向联系起来，并主张关注博物馆对社会和生活的意义，而不仅仅是强调其展品的珍贵性。这种独特的理念使博物馆一直寻求创新，因此，除了壮观的收藏品，V＆A 还因其走在世界前沿的文化创意水平和精美的艺术衍生品而被称为"世界上最时尚的博物馆"。

由于 V＆A 在艺术设计方面有更为丰富的经验，并拥有更发达的文化技术，其产品也具有更高的质量、美学性和艺术性。V＆A 多年来一直是艺术和设计的顶级博物馆，并且已经在全世界建立了自己的品牌形象。V＆A 的文创产品范围广泛，体系发达，包括了时尚、珠宝、家居用品、印刷品和书籍这几大门类，涉及日常生活中的各种物品，其衍生产品的主题和故事也不限于其展出的藏品或皇室，也来自临时展览和当下热门话题。例如，Frida 小鹿胸针的灵感来自博物馆有名的藏品 Frida Kahlo 的名画"受伤的鹿"，这个采用激光切割技术的红色胸针像在对人们诉说这位女艺术家的悲惨又感人的故事。一个名为 Fashioned from

Nature 的展品发生反应大自然对艺术设计的影响,因此它将动物和植物的元素融入其匹配的衍生物中,如绿色甲壳虫翅膀装饰组成的植物图案的版画。

"受伤小鹿"胸针　　　　　　　　Beardsley 系列丝巾

6. "娱+博物馆"结合模式

博物馆最主要的功能仍然是教育功能,古人常说"寓教于乐",博物馆应通过对娱乐功能的开发,尽可能地向观众充分展示博物馆收藏、记录、诠释等功能,调动广大游客的兴趣,兼顾他们的乐性需求,使博物馆更人性化地面向广大受众。

如运用数字科技完善娱乐体验,通过场景沉浸式的体验增加博物馆展品的鲜活性和故事性,加强展陈内容和空间叙事的故事性;通过综艺节目增加博物馆的话题度和流量,以热度提高博物馆的知名度,增加博物馆对旅游行为的吸引力。

故宫是世界上规模最大、保存最完整的木结构宫殿建筑群。北京故宫博物院建立于 1925 年 10 月 10 日,位于北京故宫紫禁城内,是在明朝、清朝两代皇宫及其收藏的基础上建立起来的中国综合性博物馆,也是中国最大的古代文化艺术博物馆,其文物收藏主要来源于清代宫中旧藏,是世界三大宫殿之一。

故宫博物院

故宫博物院既是明清故宫（紫禁城）建筑群与宫廷史迹的保护管理机构，也是以明清皇室旧藏文物为基础的中国古代文化艺术品的收藏、研究和展示机构。"故宫博物院"院藏文物体系完备、涵盖古今、品质精良、品类丰富，现有藏品总量已达 180 余万件（套），以明清宫廷文物类藏品、古建类藏品、图书类藏品为主。藏品总分 25 种大类别，其中一级藏品 8000 余件（套），涵盖几乎整个古代中国文明发展史和几乎所有文物门类，堪称艺术的宝库。

2018 年 10 月 22 日，故宫博物院发布首款主题功能游戏和首张古画主题音乐专辑，通过数字技术创造一种虚拟的环境和场所，以丰富精彩的空间快照和音效氛围，全方位和多通道的实时感官交互，创造身临其境的沉浸感受，将藏品空间转换为一个关于历史、文化和知识的体验空间，拉开了"智慧故宫"的序幕。2019 年 10 月，故宫博物院推出剧集《故宫如梦》，探索以"5G+4K 超高清 + 互动多结局 + 场景沉浸"的创新形式，讲述年轻工匠蒯祥参与营建紫禁城的过程。同时，故宫博物院将携手腾讯，在未来 3 年共同研究文物数字化采集、存储及展示方面的技术，预期完成 10 万件文物的高清影像采集、精修，并共同推动数字化采集行业标准的建立。此外，故宫博物院还推出《我在故宫修文物》《国家宝藏》《上新了·故宫》等文化综艺节目，在流量、口碑、话题性等多领域获得认可，成为"爆款"。

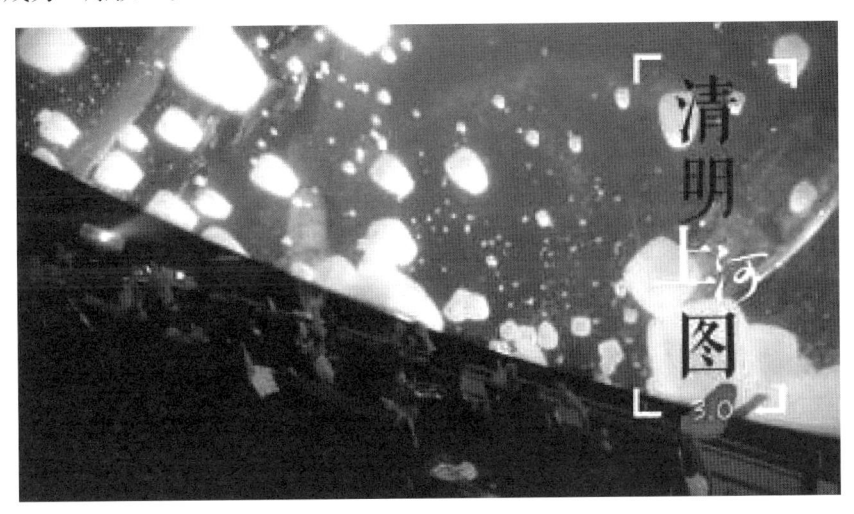

沉浸式体验《清明上河图 3.0》截图

综艺节目《上新了·故宫》截图

故宫博物院以紫禁城为依托，人们在游览紫禁城的同时观展、欣赏馆藏珍品，在游览活动的同时完成文化输入。近年来故宫开始通过高科技的方式让传统文化不再停留在纸上，用现代化的手段让文化"活起来"。《清明上河图3.0》带来一种全新的沉浸互动式体验，文化综艺节目《上新了·故宫》为文创产品带来流量和话题，故宫博物院以数字科技的方式增加游客参观过程的体验性、娱乐性。

四、旅游业态与博物馆融合发展

要促进博物馆与其他业态的有机融合，加强文物的精准开发和联合协作，应鼓励博物馆与社会力量开展多种形式的合作，通过博物馆侧结构性改革和调整，推动新时代博物馆走向总分结合时代，走向展览为王时代，走向技术驱动时代，走向开放合作时代，走向媒体融合时代，走向高质量发展时代，促进乡村旅游、红色旅游、研学旅游、工业旅游、生态旅游、宗教旅游、体育旅游、文创旅游等旅游业态与博物馆融合发展，从而推动目的地城市旅游发展。

1. 乡村旅游 + 博物馆

"乡村博物馆"早已在欧美等发达国家有了很大发展，而在中国，乡村博物馆的建设却还处于初级阶段。中国的乡村保存的深厚而各具地方和民族特色的民间历史文化资源，是中国历史文化不可缺少的重要组成部分，越来越引起人们的重视。但是，随着现代化进程的推进，中国的乡土历史文化却逐渐缺失，因此，乡村博物馆的开创和建设，对于保存和传承乡土民间历史文化，复原缺失的历史，发展乡村旅游业，具有重要的意义。

乡村博物馆留住了乡愁，是让更多的人了解农耕文化形成发展过程的重要载体。近年来，随着政府对乡村文化建设工作的重视程度不断提升，很多地方都开始建设风格各异、规模不一的乡村博物馆，让人们有机会通过一件件打下历史烙印的老物件去真切感受中国农村发展变化的脉络。然而，延续乡村文化、传播农耕文明，并不是建了一座乡村博物馆就万事大吉。

有些乡村博物馆建设的规格并不低，不仅配套设施齐全，藏品也十分丰富，其中既有马灯、水缸、火钳这些反映农民生活的用品，也有簸箕、犁耙、水车这些反映农村生产的用具，可谓种类繁多。然而，由于缺乏有效的宣传策划，不少乡村博物馆参观者少之又少，甚至变成了堆放老物件的储藏室，由于长年都是铁将军把门，藏品也被蒙上了一层厚厚的尘土，这显然有悖建设乡村博物馆的初衷。

为了建设乡村博物馆，政府在人力财力物力方面都有不小的投入，其目的就是为了让农耕文化能够得以延续，使更多的人能够通过那些老物件去触摸农耕发展史。所以，从这个角度讲，将那些反映农民生产生活的老物件搜集起来整齐摆放并不是目的，建好乡村博物馆也只是第一步，最重要的是要让更多的人能够真正走进乡村博物馆，感受农耕文化的魅力。

建设好乡村博物馆不只是弄几间房子摆些老物件就完事，关键是要让那些见证农村发展和农民生活变化的老物件能够真正活在当下，用它们背后所隐藏的底蕴为我们讲述乡村文化的繁荣发展。因此，有条件的地方应该想方设法促进乡村博物馆的外向型发展，将乡村博物馆列入乡村旅游经济发展的规划之中，通过举办各种各样的主题活动，让乡村博物馆成为亮丽的乡土文化名片。

乡村博物馆

2. 红色旅游 + 纪念馆

随着人们生活水平和思想水平的不断提高，红色旅游逐渐成为越来越多人的选择。红色旅游主要是组织游客游览中国共产党在革命战争时期形成的纪念地，切身了解其蕴含的革命事迹和精神，将革命精神教育与旅游观光有机结合，其中，革命纪念馆作为红色旅游中的重要组成部分，在新时代中的发展机遇下被赋予了新的使命，是人们了解历史事件、传承革命精神的重要载体。

革命纪念馆是纪念馆的一种特殊类型，是为了纪念近现代革命历史中具有重大作用的革命事件、人物或战争而在遗址原址或所在地区建立的纪念馆性博物馆。革命纪念馆是红色旅游资源的重要组成部分，也是红色旅游的重要载体，不仅是打造精品红色旅游的基础与核心，也是实现红色旅游事业健康发展、持续发展的保障。革命纪念馆和红色旅游之间应当是一种相得益彰、相互促进的关系。

革命纪念馆在红色旅游中具有重要的作用，是开展爱国主义教育的重要场所，是维系社会和谐的精神纽带，是社会主义文化建设的桥梁，是传承、发扬革命精神的基地。

革命纪念馆是开展爱国主义教育和革命传统教育的重要资源，对于社会主义核心价值观的培养也具有重要的意义，其中蕴藏的红色文化资源是中华民族文化宝库的一个重要组成部分。革命纪念馆在红色旅游中的运用，不仅能带来一定的经济效益，更能够产生巨大的社会效益，加强社会主义精神文明建设，让越来越多的人感悟革命精神，实现革命纪念馆的价值。红色旅游是将教育与放松巧妙地结合起来的一种新颖旅游方式，是引导人民群众走进革命纪念馆，了解历史文化和革命精神的重要渠道，也是增加革命纪念馆经济收入，进而提高馆藏、陈列、服务等多方面水平的途径，是一种良性循环。

革命纪念馆应以红色旅游为契机加快自身发展，如突出教育基地的教育特色，增强革命纪念馆的感染力；适应红色旅游兴起，提高革命纪念馆讲解；打破界限，整合资源，将革命纪念馆纳入红色旅游精品线路。

革命纪念馆

3. 研学旅游 + 博物馆

博物馆研学旅行热出现，助推研学市场逐渐壮大。研学旅行是研究性学习和旅行体验相结合的校外教育活动，博物馆因其资源禀赋和独特魅力，成为各类研学旅行的重要目的地之一。如今，很多中小学校都在组织学生走进博物馆，如北京市各中学均列出了孔庙与国子监、中国科技馆等8个博物馆供学生选择参观，而在中国文字博物馆，某日河北省廊坊市第六中学的学生们正在用传统印刷工艺印制生肖图画，既能体验技艺，又能收获有纪念意义的作品。鉴于博物馆所具有的教育功能，博物馆自身以及一些教育机构、旅行社也纷纷推出研学项目。

国家文物局已会同教育部将95家博物馆及相关机构列入全国中小学生研学实践教育基地名单，而且各地博物馆也加强资源整合，推出了一批研学旅行实践项目和精品课程。

如重庆红岩革命历史博物馆打造了"红色小记者"研学旅行体验营，小记者们通过实地采访博物馆、陈列馆、革命遗迹，探寻历史故事、弘扬革命传统；杜甫草堂博物馆开展"草堂一课"教学活动，以学术讲座、诗歌朗诵会、文艺演出、园林园艺展览等形式，弘扬杜甫的爱国主义精神，进行爱国主义教育……这些具有特色的实践项目都取得了不错的社会反响。

国家文物局相关负责人表示，将会同有关部门，制定博物馆研学旅行相关标准，丰富研学旅行课程体系，不断提升研学旅行质量，精心设计课程，促进研学旅行产品提质增效。目前，不少博物馆已开始了对研学产品的提质工作，在挖掘、整合自身资源的基础上创新研学教育模式。如广东省博物馆今年暑期组织的"自然海洋营"夏令营推陈出新，孩子们可以根据老师科普的知识创作海洋故事，也可在DIY工作坊里解剖鱼类，或进行角色扮演表演即兴话剧。让孩子们在自主参与中轻松收获海洋生态知识。

研学产品要重视课程设计，同时也要注意到，不同主体所具备的优势特色不同，对课程的呈现效果影响也不相同，若条件允许，除了提升课程品质，作为研学场所的博物馆也应该着力优化管理手段。

中小学研学旅行是一种研究性学习和旅行体验相结合的校外教育活动，将学生的所学、所游、所思充分融合在一起，有"行走的课堂"之誉。当前，文旅融合大势下，博物馆是"以文促旅、以旅彰文"的重要场所，可依托馆藏资源，充分发挥爱国主义教育阵地作用，发挥"第二课堂"作用，创新公共文化服务形式和内容，让文物活起来，让广大青少年在开阔视野、陶冶情操的同时，感知历史、启迪未来，提升文化自信，让优秀传统文化得到更好的传承。

研学博物馆

4. 工业旅游 + 博物馆

工业旅游是一种新型的旅游形式，起源于欧洲，至今已有 50 多年的历史。它的兴起，使原来存留的工业厂区、车间、机械设备、居民生活区等显现出旅游价值。

我国工业旅游起步较晚，自 2004 年原国家旅游局评定首批全国工业旅游示范点以来，工业旅游发展才受到广泛关注。目前，我国工业旅游景区还处于初级阶段，规模、人气均有较大的提升空间。

工业旅游的发展需要理念创新，不断优化和提升对工业旅游作用、价值和发展路径的认识，不能把工业厂区的旅游做成传统的参观型的博物馆。要融入休闲、高科技元素，并用情怀来讲好传统工业的故事，着眼于构建一个"可观（景观）、可玩（参与）、可学（知识）、可购（购物）、可闲（休闲）"的具有工业旅游运营生态系统的活的博物馆。

发展工业旅游应该增加特定区域工业的附加值，让许多的工业品牌能够得到更有效的传播。这样，游客在观看工业制造过程的同时，可以感受特定产品的文化内涵与品牌的感召力。以青岛为例，该市打造了青岛啤酒博物馆、纺织博物馆、海尔工业园等一批热门旅游目的地，让工业遗产"活"了起来，也提升了企业的品牌影响力。

发展工业旅游要着力提升特定区域的城市内涵。以唐山为例，作为以钢铁和煤炭为主的百年工业城市，给人的印象是污染严重、不宜游乐居住。但通过深入挖掘城市工业文化，该市建立了中国（唐山）工业博物馆、中国铁路源头博物馆、汉斯·昆德故居博物馆等一批旅游新项目。

发展工业旅游还要整合与提升工业遗产的价值，传承工业文化精神，劳模精神、劳动精神、工匠精神、民族品牌等也是目前老工业区振兴的内在力量之所在。而利用特定工业城市丰富的工业遗产资源，还可以建设具有科普教育价值的博物馆、文化综合体、虚拟展览馆等集旅游与现代科普教育于一体的文化产业园区和各类艺术实践基地，大力发展文化创意产业。

工业博物馆

5. 生态旅游 + 博物馆

生态旅游作为一种新的旅游形态，以旅游休闲为主要形式，以认识自然、欣赏自然和保护自然为目的，以自然生态景观和人文生态景观为消费客体，是博物馆的一种营销手段。

生态旅游是博物馆营销的新途径。也是博物馆教育的有力补充，博物馆的大量活动是属于教育范畴，其教学效果远远超出正规教育，这打破了博物馆仅仅以收藏为导向的观念，从传统意义上服务于观众转变为以人为导向，在研究基础上与教育、娱乐结合起来，形成了寓教于乐的教育模式。这要求博物馆除了举办趣味性强、可参与性强的馆内展览，以服务好参观者，还要通过以传授科学知识、技术技能等方式，积极主动地寻找潜在的服务对象，而生态旅游者便是这类潜在对象中不可忽视的一个群体。

生态旅游能为博物馆带来稳定的经济收益。我国的生态旅游资源十分丰富，其中有以自然生态旅游资源为主的自然保护区1200多座，森林公园900多处，国家风景名胜区500多处，还有100多个以合理利用资源，促进当地工农业发展，以及观测和研究一些特殊自然现象的定位研究站，另外还有以人文生态资源为主的少数民族生态旅游区和宗教生态旅游区，围绕以上生态旅游产品的开发和管理，在传统大众旅游产业体系的基础上，我国的生态旅游产业体系开始逐步建立，一些促进生态旅游产业发展的措施也得以实施。特别是近10年来，随着一批国家级旅游度假区、省级休闲度假区和休闲度假村（点）的兴起，我国旅游产品结构开始由单一的参观展览观光向以生态、休闲度假为主的多样化的旅游产品转变。

博物馆开展生态旅游有很大的优势。生态旅游以远非昔日的观光旅游,生态旅游的普及性、知识性、保护性特点,处处体现着博物馆的优势。

博物馆开展生态旅游,首先要转变观念,从思想上充分重视博物馆的营销工作;二是利用政策优势,抓住市场机遇;三是积极开展与旅行社、学校和社区的合作;四是对博物馆从业人员进行知识培训;五是切合实际地推出适合本馆特色的生态旅游。

生态博物馆

6. 宗教旅游 + 博物馆

宗教文化旅游主要包括了以宗教活动为主体,以宗教景点为场所的旅游资源,其不断吸引旅游者到来,不断为旅游业所利用,是能产生一定经济效益的旅游活动。由于我国历史悠久,所以历史文化繁多,宗教文化资源也很丰富,目前我国主要存在的名胜古迹中有一半左右都是宗教文化的遗迹,而且国家设立的重点文化保护单位中,有一半也是涉及宗教文化,因此我国的宗教文化资源具有一定的旅游价值,不仅是游客观光游览的胜地,可以让游客获得大量知识的博物馆可颇受青睐。

近年来,我国宗教文化旅游发展很快,宗教建筑景观规模与日俱增,开展了若干将宗教文化修学、宗教修身养性、宗教节庆活动等多种方式融入一体的旅游项目,整个宗教文化旅游的开发也呈现了多样化的发展途径,虽然取得了一定的发展,但在此过程中出现了一些不可忽略的问题,部分地方政府部门在宗教文化开发方面重视不够,相关政策也不够规范。

目前宗教文化旅游项目缺乏创新，过于单一，专业人员普遍素质较低。所以不能体现宗教文化的深度；由于受利润最大化的影响，景点的商业气息逐渐浓郁，忽视了资源保护；经营管理制度不够完善，利益冲突产生的矛盾日益增多；旅游景区管理部门由于对宗教文化认识的不足，缺乏相关政策的完善、相关法规的监督，在决策的时候忽略了宗教部门的意见，不重视宗教团体的权益。

根据上述我国宗教文化旅游的现状与我国宗教文化旅游的特点，我国宗教文化的开发应将模糊的观念澄清，加强对人们宗教文化的正确认识。宗教旅游可促进人们规范社会道德、生活、止恶从善、安抚心理，是中华民族文化的重要组成部分；不断更新，充分挖掘宗教旅游项目，不断丰富宗教文化旅游的产品，眼光应立足长远，加强宣传力度；加强宗教文化旅游专业人才方面的培训；逐步建立和完善宗教文化旅游管理的制度，加强创新宗教旅游管理的模式；在宗教文化旅游开发中要切实与宗教团体协调好关系，工作中要将宗教组织及宗教信仰者的宗教情感充分的考虑进去。

宗教博物馆

7. 体育旅游 + 博物馆

1905 年清末状元、中国近代著名的爱国实业家、教育家张謇在他的家乡创办了中国第一座公共博物馆——南通博物院，博物馆从此成为教育救国的重要举措。时代变迁，博物馆不仅仅是一个展示文物的场所，更是联系历史、现在和未来的桥梁，在构筑城市文明、传承民族文化中发挥着越来越重要的作用。

1990 年，北京亚运会圆满闭幕，我国正式建成第一个体育类综合博物馆——中国体育博物馆，开启了我国体育类博物馆建设的新篇章。近年来，我国的体育主题博物馆也实现了快速的发展，成为传承和弘扬中华体育精神，推动体育文化建设的生力军。

体育博物馆的使命是文化传播。文化的价值在于大众认知，实现文化大众认知的途径在于文化传播，而文化传播的最佳途径是文化的艺术化，这是文化产业的基础和前提，也是博物馆的生命力。同时，博物馆是文化建设与开发的支点，文化的研究、开发、传播、产业化应该围绕文化的品牌化来进行，并推动其发展，这是博物馆特别是体育类博物馆的发展的核心。

参观体育博物馆、旧的比赛场馆等这些对体育的怀旧旅游活动也属于体育旅游的一种。比如参观 2008 年北京奥运会鸟巢、希腊雅典奥运会旧址、温布尔登网球赛老建筑物、20 世纪 30 年代建成的上海江湾体育场等，游客通过参观回顾曾经在这些地方举办过的体育赛事，不仅加深了对当地文化的理解，也直观感受到了体育项目在特定历史时期的发展状况对当地的贡献。

体育博物馆

8. 文创旅游 + 博物馆

当下，文化创意产业注入旅游领域，为旅游的发展增添新的生命力，旅游业的大力发展也为文化创意产业繁荣创造了新机遇。文化创意产品研发成为博物馆、旅游景区等共同参与的新热点。

文创产品是以文化为基础，发挥创造力进行设计、研发的产品，具备知识性与智能化，有着融合性和辐射力，能够提高大众文化素质。应加强旅游纪念品在体现民俗、历史、区位等文化内涵方面的创意设计，推动中国旅游商品品牌建设，加快旅游产品开发，培育新兴旅游业态，提升旅游产业质量，满足消费个性化、休闲性、文化性的体验。

博物馆本身收藏有大量珍贵文物，这些藏品不论是从美学、文学还是到历史以至收藏价值方面，都具有先天的资源利用优势，这大大有利于推动文化创意产品的灵感设计乃至最终形成产品。这样的产品有着博物馆自身的文化符号，也彰显出高质量的审美品位与文化修为。

　　在物流业发展迅猛的今天，大众逐渐改变了过去到某地就随意捎带旅游纪念品的习惯，购买不再盲目，变得有选择性。国家推行的文化与旅游融合发展政策，促使文创产业与旅游产业开发优质文创产品，使人们能通过产品领略文化，以文化引发思考，从思考中获得精神升华。"把文化产品带回家"是长久记住博物馆的最佳方式之一。

　　"致敬经典，创意生活"——以成都杜甫草堂博物馆文创产品为例，成都杜甫草堂博物馆有着深厚的历史底蕴与文化积淀，从园林建筑到文学历史，草堂深度挖掘文化元素，文创产品正是博物馆文化表达与传播的适宜载体。文创馆位于草堂"大雅堂"西侧，结合草堂元素、诗歌文化及生活创意，设计开发出生活用品、旅行用品、文具用品、数码产品等，实用性强、具有文化内涵的产品成为系列。2016年中秋节，文创馆以全新面貌开放，推出的优质文创产品为广大观众奉上了一场文化盛宴，深受观众的喜爱和好评。

　　文创，让博物馆与每一个人都发生关联。以文化IP为基础的特色旅游商品通常都具有较高的附加值，因为博物馆的文化产品本身就具有艺术性。当下的博物馆日趋年轻化、时尚感、科技感，离我们的生活越来越贴近，这也是上新了·故宫年入10亿的秘密。上新了·故宫、卢浮宫蒙娜丽莎、大英博物馆小黄鸭……这些自带IP的文创商品都成为博物馆的新爆点，文创旗舰店成为博物馆的"标配业态"。

文创博物馆

第六章 博物馆旅游新营销

早在1969年,英国学者提出了博物馆市场营销的概念,"市场营销的概念应扩及到非营利组织,比如,博物馆。因为任何组织都不可避免地要采取市场策略"。英国市场营销研究所在对博物馆营销的定义中指出"市场营销是博物馆或美术馆为了实现自身使命、充分满足使用者的鉴别、满意与快乐等需求而采取的管理过程"。而美国博物馆协会对博物馆营销的定义是"在促进公众理解与欣赏的基础上,更多地了解博物馆的收藏、陈列与服务"。营销是博物馆为能发挥更大的社会效益而采用的一种工作手段,西方一些先进国家已将市场营销相关的理论方法引入博物馆运行管理体系中,并取得了一定的成效。我国博物馆应顺应时代发展的需求,在保持自身公益属性的同时,正确使用市场营销方法提升博物馆的整体运行效率,为群众带来更好的文物参观体验。国务院也在2016年颁布的《关于进一步加强文物工作的指导意见》中明确指出鼓励博物馆通过市场运行方式开展文物管理及社会服务工作,在肯定文物市场价值的同时为博物馆开展营销工作提供政策支持。

一、博物馆旅游新营销概况

1. 博物馆旅游营销的发展背景及相关概念

(1) 发展背景

1967年,文化企业市场营销的问题首次为学术界正式提出。被誉为"现代营销学之父"的菲利普·科特勒教授指出,博物馆、音乐厅、公共图书馆或者是大学这样的文化机构都可以生产、创作文化产品或艺术作品。20世纪六七十年代,学术界提出了关于博物馆营销的理论雏形，随后西方各大博物馆开始了对博物馆营销的理论研究和实践探索。博物馆营销的提出是为了更好履行博物馆的基本职能——收藏、保护、研究、陈列、教育，区别于一般市场营销追求的利润最大化。其次，传播作为博物馆营销的一种工具，是为了拉近博物馆与普罗大众的距离。虽然，博物馆及博物馆旅游营销在我国学术理论研究与实践操作中都处于萌芽阶段。但是，随着大数据、物联网、移动互联网、云计算等各类新技术的相继问世及其在博物馆领域的应用，博物馆的宣传方式已经发生改变，可营销和挖掘利用的空间比较广。

（2）相关概念

博物馆虽然是非营利机构，但是仍然需要有较高的知名度，吸引更多观众了解历史、了解博物馆；需要有良好的形象获得社会各界的支持和信任，以确保拥有更多的渠道获取文物和资金支持，因此博物馆同样需要先进的理念和方法去宣传和营销自己。

博物馆营销是通过市场营销和博物馆整体战略管理相结合的方式实现对文物及相关文化的宣传推广。与市场营销存在着区别，博物馆营销是根据自身特色及馆内资源，在满足消费者文化消费需求的情况下，不以单纯的追求经济利益为主导，是在结合营销理论的前提下，对博物馆进行营销推广，实现博物馆社会效益的过程，具有公益性的特点。

2. 博物馆旅游营销发展的现状

改革开放40年来，中国博物馆事业发生了历史性变革，呈现出良好发展态势，据统计，到2018年底，我国已有5354家博物馆，参观人数达到11.3亿人次。"博物馆热"成为中国社会文化的新时尚，"博物馆+"跨界融合创新成为推进高质量发展的新引擎。但是，并不是所有的博物馆都有较高的知名度，营销观念落后造成博物馆良莠不齐，一定程度上制约着博物馆的发展质量。

（1）营销观念薄弱

博物馆旅游营销并不是买卖，而是博物馆为能发挥更大的社会效益而采用的一种工作手段。就博物馆宣传工作而言，其具体内容涵盖"博物馆基本信息、参观指引信息、活动信息、研究成果及文化产品信息、观众交流等"。博物馆藏品普遍具有文化教育价值，但在实际的宣传中却难以完全传达。因此准确分析用户内容需求，并适当调整内容生产，提供更精准的个性化内容，打造差异化内容优势，是博物馆旅游发展需要首先考虑的问题。博物馆旅游应紧随时代潮流进一步优化自身，本着以游客为中心的理念，开发具有自身特色并符合游客需求的文旅产品，重视游客的个性化需求和多样化的情感诉求，要注重运用现代大数据技术和新媒体平台精准分析用户画像，为游客创造新的价值体验，以多形式、多角度的新媒体推广宣传打造具有独特文化属性的 IP 热点。

（2）营销主题不突出

在文化和旅游融合发展的大背景下，有些博物馆的整体主题不够突出，尤其是中小型博物馆，存在着千馆一面的现象，很难吸引到游客。有些博物馆也存在着主题过于单一的问题，展馆的布展陈列始终如一，缺乏体验性，不能与其他产业或者文旅融合发展的背景相结合。在休闲体验经济时代，独特鲜明或者多主题的内容才能够使游客有新鲜感，才能更好的提高博物馆的旅游吸引力。

（3）营销渠道与对外合作有待改善

营销渠道的拓宽是博物馆尤其是中小型博物馆在文旅融合背景下进行营销策划的必然选择。许多博物馆的营销渠道都比较窄，仅仅是依托当地旅行社等传统的营销渠道，甚至没有自己的官方网站，相关信息的查找还需依托其他搜索引擎。信息较少导致游客对博物馆的了解不到位，在不确定是否有参观意义的情况下，很多旅客选择不去参观，最终导致营销失败。所以，博物馆旅游要想有更快更好地发展，需要不断开阔营销渠道，加强对外合作，形成良好的营销正循环。

二、博物馆旅游营销探析

随着营销环境的不断改变，营销理论的研究及成果也在不断更新，从以生产为导向的 4P 理论到以消费者为导向的 4C 理论，再过渡到跳出传统范围的 4R 理论，营销需要更广泛的概念才能适应当下的新环境，4R 理论这一基于新媒体环境的数字营销概念也就有了无限生机。

1. 数字化营销 4R 理论

新媒体时代有学者提出：数字营销 =（内容平台 + 数字平台）× 大数据运营 × 营销战略思维。数字环境下的消费者特征使社交媒体随时随地"嵌入"人们的生活，企业从战略到运营再到管理都在巨变之中，营销亦需要被重新定义。数字化营销的实施框架被总结为 4R 理念：消费者的数字画像与识别（Recognize）、数字化信息覆盖到达（Reach）、建立持续关系（Relationship）、实现交易与回报（Return）。相比于 4P 理论与 4C 理论，4R 理论更注重关系营销，拓展了顾客的需求，即在满足顾客产品需求的基础上，还要满足顾客在使用过程中对服务以及其他衍生服务的需求。博物馆作为公共服务机构，不再是传统地被动提供信息，也不可避免地需要主动对外进行营销推广。

2. 基于 4R 理论的博物馆旅游营销建议

（1）整合游客信息，精准化服务游客（Recognize）

即通过运用数字化技术采集参观者信息，如人口学特征，包括性别、年龄、职业等分析线上行为特征，包括网页浏览偏好特征、相关网页停留时间长短等，线下行为特征，包括游览习惯特征、文物偏好特征等，利用云计算等技术建立游客兴趣爱好数据库，将碎片化的海量信息进行整合，展现出全景式、精确度较高和动态化的参观者画像，重视对参观者信息库的构建，进而为满足不同阶层、不同年龄的参观者偏好需求提供实时的信息储备基础。应了解游客的真实诉求，设计出个性化、适合不同年龄层的游览路线和文旅产品，根据游客需求有针对性地进行精准营销。巩固现有游客，提高复游率，发掘潜在游客，扩大游客市场。

（2）重视线上新媒体建设，全面展开品牌推广（Reach）

新媒体是指当下万物皆媒的环境，涵盖了所有数字化的媒体形式，包括所有数字化的传统媒体、网络媒体、移动端媒体、数字电视、数字报刊杂志等。应利用数字技术、网络技术，通过互联网、宽带局域网、无线通信网、卫星等渠道，以及电脑、手机、数字电视机等终端，向用户提供信息和娱乐服务的传播形态。新媒体营销是通过现代化互联网手段，通过利用微信、微博、抖音等新兴媒体平台工具进行产品宣传、推广、营销的一系列运营手段，向客户广泛或者精准推送消息，提高参与度，提高知名度达到相应营销目的。

新媒体多样化、个性化与互动性强的特点给博物馆旅游营销带来了前所未有的机遇。新媒体环境下，每个人既是信息的接受者，也是信息的制造者、传播者。得益于此，博物馆应重视开发与维护网络平台，加快信息流的传播速度，拓宽信息的流通渠道，使博物馆文旅信息更快地传递给各类游客。博物馆旅游营销要注重热点营销，利用时势、主动制造话题，制定清晰的细分市场受众需求营销策略，发掘最能与受众产生互动反复引发讨论的内容，监控并测算互动最频繁的时段，将相关受众社交信号放大。博物馆旅游营销需建立一支优秀的新媒体运营团队，有意识地引进熟知文物知识与策划运营的复合型人才，敏锐地感知潜在的旅游消费需求，迅速调整设计思路和营销方式。

（3）开展互动性活动，巩固博物馆和游客关系（Relationship）

以微信、微博等为窗口打造互动平台，开设直播、视频（纪录片、综艺节目、影视剧）、音频听书、宝藏点评、电子书等丰富内容的应用，打破了过去陈旧古板形象的束缚，让博物馆年轻化。应增加互动性活动，定期组织相关展览的讲座和分享会，聚拢文物界、文艺界、旅游界的意见领袖开展多层次活动，让参观者在交流中找到共鸣，引入热门话题，以此来提升游客兴趣，使其他边缘游客、潜在游客和目标游客可以更加直观的了解博物馆旅游信息。

（4）文化价值与市场价值相互转化（Return）

博物馆旅游是一种依托于博物馆及其衍生物为观光主体，以传播文化为主要目的，集观光、休闲、活动、研究等多种属性于一体的文化旅游模式。与其他旅游形式相比，博物馆旅游具有直观真实、知识密集、文化内涵高等突出特点。要赋予博物馆更多休闲文化气息，使文化氛围延伸，增强用户黏性，博物馆也要加强对泛文化环境的构建，扩充理解博物馆文化，善于运用多种手段，主动去传播新颖、广域的博物馆文化，积极去推动博物馆形象，给博物馆带来多渠道的收入。

三、博物馆旅游营销策略研究

1. 自媒体营销

自媒体是普通大众运用数字科技与全球知识体系相连之后一种发布与分享个人观点和新闻的传播方式，其平民化、个性化、交互性强，传播快，发展十分迅速，据统计，在我国，目前自媒体行业从业者近300万，各类自媒体账号数量超过3000万。

自媒体的不断发展衍生了自媒体营销。自媒体营销是指组织或个人通过微博、微信、百度、搜狐等互联网协作平台和媒体来传播和发布资讯，从而形成的营销、销售、公共关系处理和客户关系服务维护及开拓的一种方式。自媒体营销作为一种新的营销手段，有成本低、交互性强、传播范围广、海量信息承载、碎片化信息传播、满足游客多样化需求的优势，已经渗透到了当代生活的方方面面。从博物馆旅游业发展的角度上，通过自媒体平台对其旅游资源进行推广，可增强旅游吸引力；站在游客角度上，通过自媒体平台可获取博物馆旅游中旅游产品、旅游咨询、旅游线路、旅游文创产品等信息。

（1）微信营销

微信作为一种具有较高普及率的社交软件，其营销具有成本低、收获大的优势。博物馆应紧跟时代发展步伐，树立微信营销意识，设立专业的微信营销团队，负责博物馆公众账号申请、认证及运营事项，及时、专业地推广文旅信息，为博物馆旅游营销提供平台。

博物馆自建微信平台，通过对公众号信息的管理，满足群众个性化需求。博物馆不仅可以通过微信开放的接口链入其他应用，还能将创建的应用以快捷形式出现在微信的附件栏内，游客可通过微信信息的推广直接查看相关内容并可选择自己感兴趣的信息加以分享，从而发生裂变效应，提高博物馆相关信息的认知度。目前，很多博物馆都创建了自己的官方微信号，运营团队创作大量原创、优质内容，以新奇有趣、富有创意的标题进行推送，对微信用户产生了良好的营销效果。此外，博物馆自身文旅资源优势可与某些新媒体渠道优势结合，达到强强联合的效果。

（2）微博营销

微博具有信息发布便捷、互动沟通实时等特点，设置微博话题既可以使博物馆发布的内容主题更加明了，也便于用户讨论、关注和后期搜索，形成话题讨论度，为开展有针对性的文旅服务提供参考，培养忠实的受众群体，在新媒体领域表现出了愈发强大的网络效应和社会效应。

博物馆特别是中小型博物馆应树立良好的微博营销意识，将微博营销当做博物馆常态化管理工作，发挥微博营销的积极作用，只结合博物馆特有的文旅资源和优势，确定其在微博互动中的定位，开展多样化的微博活动，吸引群众的注意力；充分发挥集群效应，加强与其他博物馆之间的沟通力度，积极参与相关的微博话题讨论；注重文字的文艺优美和专业水平，也非常重视图片在传播中的作用，增强用户黏性。

（3）头条号

头条号是今日头条旗下媒体/自媒体平台，基于移动端今日头条海量用户基数，通过强大的智能推荐算法，优质内容将获得更多曝光，是自媒体平台中最具有价值的平台之一。头条号支持所有内容体裁创作包括文章、图集、视频、问答、微头条、小视频、专栏、原创连载、音频、直播等体裁类型；支持多平台分发粉丝数据多平台打通优质内容多渠道涨粉。今日头条已经累计有7亿激活用户，1.6亿活跃用户，平台流量大。与微信公众号不同在于，头条号是根据"推荐"决定阅读数，而不是"粉丝"，只要获得的"推荐"越多，文章的阅读量就越高。

因此，博物馆旅游营销不仅要坚持推出原创内容，更要注重提升内容质量，质量好的内容才能上头条号，更利于抓住游客需求，满足多元化的"胃口"。

此外，还有许多常见的自媒体平台，如小红书、百家号、企鹅号、搜狐号、看点号等都有自己平台优势，博物馆应找准文化定位和文旅优势，结合平台特性，借助各类平台更好地为博物馆旅游营销服务。

➢ 自媒体营销案例借鉴

西安永兴坊

永兴坊，原地为唐朝魏征府邸旧址，是西安市为了完善顺城巷历史风貌，充分彰显古城历史底蕴，扩大西安知名度和影响力在原址上建造的。初建的永兴坊过了两三年无人问津的日子，门可罗雀，但一个仅仅几十秒的摔碗酒视频突然爆红，使永兴坊时来运转。摔碗酒是指客人喝完碗里的米酒后，将陶瓷碗摔碎"求吉利、保平安"，不少游客通过微博、微信、百度、抖音等自媒体协作平台了解到这个体验内容，纷纷前来尝试并通过自媒体平台分享，于是默默无闻的永兴坊短时间内爆红，成为全网最火的旅游打卡地之一。伴随着摔碗酒的火爆，永兴坊的客流量也大幅增长，成为了外地游客必来体验的打卡地。永兴坊一路高歌，走进了全国游客的视线。

西安永兴坊

2. 视频营销

视频营销是指通过视频的传播形式搭载不同的媒介，以内容和创意为核心触达消费者，最终实现产品营销与品牌的传播。其既有电视短片感染力强、内容形式多样、创意新颖的优点，又有互联网营销的互动性、传播速度快、成本低廉的优势，视频营销的模式大致有两种：一是以电视电影为代表的视频媒介推广方式；以短视频+内容为核心的视频营销+互联网的新型模式，如纪录片、宣传片、直播、微电影、短视频等。

（1）视频客户端

与腾讯、优酷、爱奇艺、B站等在线视频渠道进行通力合作。如《我在故宫修文物》《上新了·故宫》等节目的播出，打破了大家对故宫的刻板印象，"零距离"走进公众视野。一经播出迅速走红网络，引发了人们在豆瓣等新媒体上的热烈讨论，并被各大媒体争相报道，成为一次绝佳的视频营销。

（2）短视频

随着短视频的强势崛起，越来越多的人将目光瞄向了这片极具价值、极具优势的流量洼地，并将其纳入了新的营销阵地。短视频内容丰富，形式的多样，与用户互动性强，去中心化的传播特点等特质能够更加有效对接目标受众，为博物馆旅游提供了碎片化、沉浸式、体验式和立体化的营销方向。博物馆可以通过在短视频平台上发起以"流量大咖示范＋圈层达人渗透＋素人领袖自发扩散"为模式的主题活动，摆脱在传统媒体中直白式的广告宣传形式，与创作者一起将博物馆旅游特色与红人特点、视频一贯的风格特性完美融合在一起，用一种接地气的方式"和年轻的游客玩在一起"，为博物馆吸引和稳定更多的年轻游客。

➢ 视频营销案例借鉴

《国家宝藏》

《国家宝藏》是中央电视台在 2017 年第四季度重磅推出的一档大型文博探索节目。央视与故宫博物院、上海博物馆、南京博物院、湖南省博物馆、河南博物院、陕西历史博物馆、湖北省博物馆、浙江省博物馆、辽宁省博物馆这九大国家级重点博物馆合作，立足于中华文化宝库资源，通过对一件件文物的梳理与总结，演绎文物背后的故事与历史。《国家宝藏》从博物馆"文物"入手破题文化综艺，用镜头带领观众走进博物馆，力图对每一件文物的前世今生进行梳理与总结，感悟传统文化的深厚与自豪。

《国家宝藏》宣传海报

《我在故宫修文物》

跨越明清两代、建成将近 600 年的故宫，收藏着包括《五牛图》《清明上河图》在内的 180 多万件珍贵文物。历经百年沧桑，这些人类共同的瑰宝或多或少蒙上尘埃，破损不堪。从故宫博物院建院那一天起，一代又一代文物修复师走入紫禁城的红墙，通过他们化腐朽为神奇的巧手，将鲜活的生命力重新注入一件件文物之中。木器、陶瓷、青铜、漆器、钟表、织绣、书画……不同的文物有着不同的特性，也有各自修复的难点，而这些修复师们甘于寂寞，甘于平淡，在与文物的对话中小心翼翼感受着来自古代的微弱的脉搏。《我在故宫修文物》从故宫珍贵文物的修复入手，不仅传达出一代又一代文物修复师的匠人精神，更另辟蹊径地让观众更好地认识文物，认识故宫。

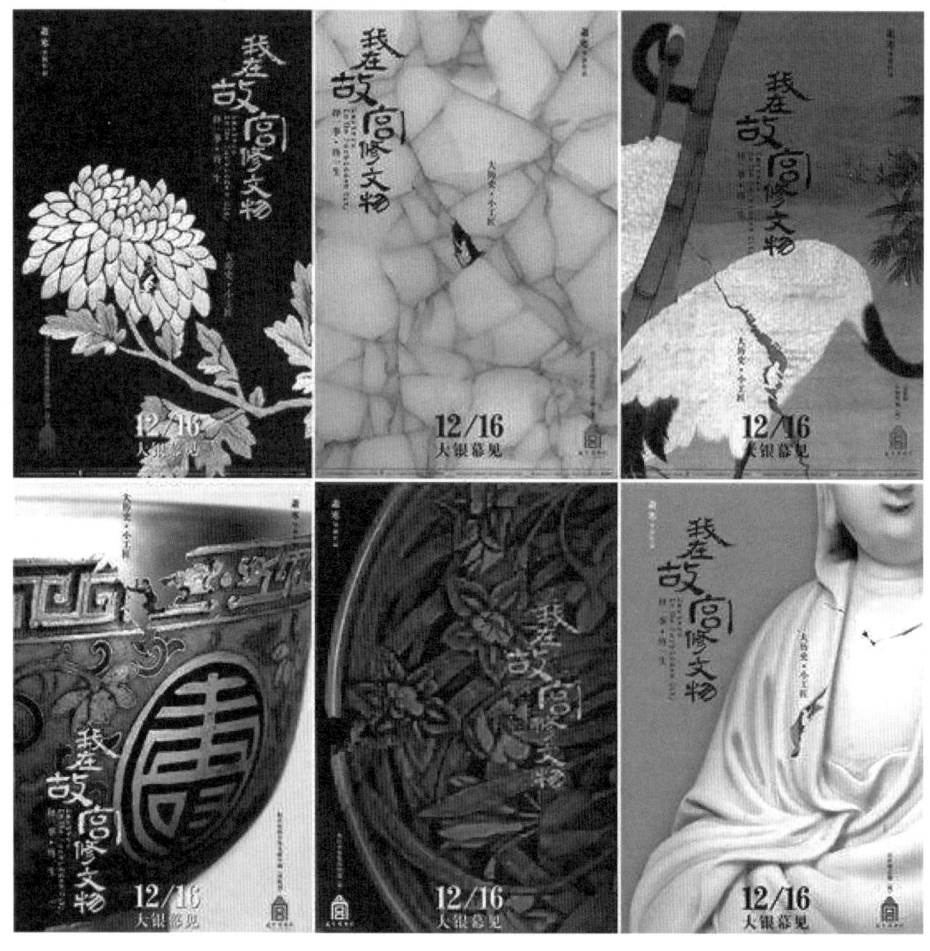

《我在故宫修文物》宣传海报

《上新了·故宫》是故宫出品的首档聚焦故宫博物院的文化创新类真人秀节目。每期节目中，嘉宾作为新品开发官跟随故宫专家进宫识宝，探寻故宫历史文化，并与顶尖跨界设计师和高校设计专业的学生联手，每期诞生一个引领热朝的文化创意衍生品，打造"创新"与"故宫"相结合的制作模式，打破了大家对故宫的刻板印象，"零距离"走进公众视野。还突破性地将某些未开放区域首次呈现在观众面前，和大家一起来探索故宫神秘的历史，破解它的文化密码，寻求历史和文物的"前世今生"，并从中获取新的灵感。

《上新了·故宫》宣传海报

3. 应用程序营销

针对当前移动新媒体用户不断增加的趋势，应探索基于移动设备的观众服务及藏品介绍、博物馆旅游引导和配套服务的应用程序。博物馆应将其馆内概况以数字化的形式在 APP 上进行展示，陈列展览进行全方位呈现，导览地图实现快速定位，展厅全方位虚拟漫游，方便游客一键收藏与分享。此外，还可以根据博物馆特色开发其他如游戏等类型的 APP。截至目前，故宫已出品了《皇帝的一天》《胤禛美人图》《紫禁城祥瑞》等十款各具特色的 APP。这些 APP 将博物院文旅与现代科技融为一体，带来一场艺术与娱乐的多元化体验。

小程序是一种不需要下载安装即可使用的应用，它实现了应用"触手可及"

的梦想，用户扫一扫或搜一下即可打开应用。2018年4月，在浙江省博物馆举办了"文博技术产品应用系列活动——微信小程序在博物馆中的应用研讨会"，与会专家围绕微信在博物馆中的应用理论与实践研究、传播技术创新与博物馆需求的有效对接、微信公众号应用与博物馆传播力建设、微信小程序在博物馆中的应用案例等议题，分享了微信小程序在博物馆应用中的实践和成果。小程序式碎片化应用实现了社群用户的截获和转化，做好内容和小程序的联结，让用户将信息以小程序的载体裂变传播到其他社群，就能源源不断地达成流量截获和转化。开发博物馆旅游小程序，加上微信支付、卡包、公众号、扫一扫、社交分享等微信各方面能力加持，看实时直播、买门票、识花草、找厕所、语音导览、一键投诉、诚选购物……多场景智慧化功能，全面尝试5G环境下的创新应用，提供了全方位的优质服务。

➢ 应用程序营销案例借鉴

秦陵博物院

2013年，秦陵博物院开通了微信公众号，但一直到2016年，粉丝数量也只有4000人。秦陵博物院不断探索，采用互联网技术提供多样化的文化服务与观览体验，让公众从另一个角度认识这座古老的遗址。秦陵携手腾讯打造的"寻迹始皇陵"智慧导览小程序上线，通过基于地理数据的各项智慧服务，为游客提供博物馆概况、手绘地图、馆内导览、语音讲解、景区推荐路线、设施查找，以及VR全景等智慧游览服务。以微信平台为载体，实现了导游预约和在线语音画册的功能，通过"你好，兵马俑"的数字艺术展，将人工智能技术与传统文化结合。

不过，最能改变博物院"刻板"形象的还是秦陵博物院的一系列互动游戏，例如秦陵博物院与腾讯合作开发的小游戏"秦朝的你"，用户上传自己的照片，系统会对比出与用户相貌相似度最高的秦俑；再比如"千里驰援"，用户点击屏幕"拼手速"可以输送粮草给农田，游戏中会传递秦代航运知识。这一系列互动游戏改变了博物院"宣教"的严肃形象，吸引了更多年轻的游客。

秦陵博物院小程序及小游戏截图

4."粉丝经济"营销

"粉丝经济"是指架构在"粉丝"和被关注者关系之上的经营性创收行为，是一种通过提升用户黏性并以口碑营销形式获取经济利益与社会效益的商业运作模式，依托于互联网的快速发展，粉丝经济已经成为令人瞩目的经济模式，偶像明星的影响力正全方位地渗透年轻消费者的生活。

"粉丝经济"可助力博物馆旅游扩大游客市场。随着新媒体的发展，用户之间的互动性增强，明星和"粉丝"之间的互动性不断增强，距离感不断缩小，"粉丝"为了扩大明星的影响力，提升其商业价值，也会积极配合博物馆进行营销宣传，对于博物馆来说，"粉丝"在一定程度上就是资源和动力，是一种相互合作的联动的关系。博物馆利用明星效应开展旅游营销活动时，要充分考虑"粉丝"群体的需求，借助"粉丝"群体传播的力量，使博物馆在品牌塑造中获得更大程度的曝光。要注重"粉丝"与明星、博物馆之间的互动，增强"粉丝"群体的参与感与黏性。博物馆利用"粉丝经济""饭圈粉"文化进行定向推广，使得博物馆旅游年轻化。

> **粉丝经济营销案例借鉴**

敦煌博物馆

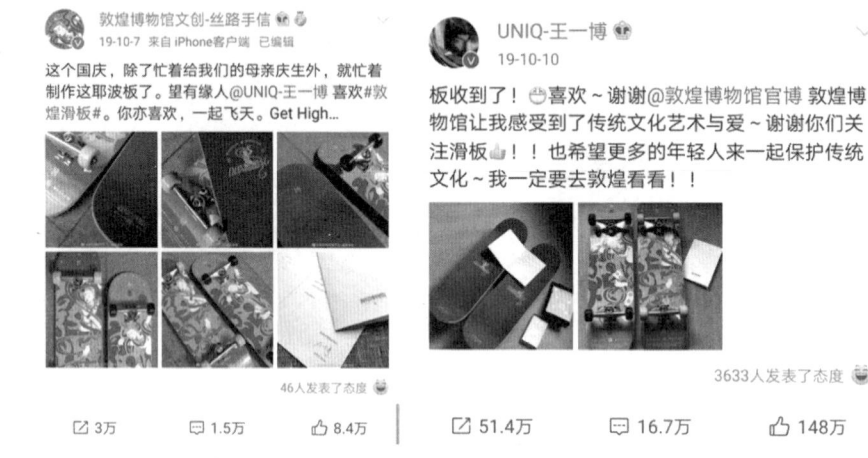

敦煌博物馆和王一博相关微博截图

2019年9月，敦煌博物馆文创携手滑板文化先驱沸点Justice新推出了一款飞天滑板，是古典艺术和现代前卫极限运动打破边界的一次创新性结合。此滑板一经发布，就被许多网友粉丝@给了新生代偶像王一博和敦煌博物馆文创的官博。随后，敦煌博物馆文创很快做出回应，表示要送一块新滑板给他。国庆期间敦煌博物馆文创部还加紧定制了两块写有王一博名字的独家飞天耶波板，并迅速登上了微博热搜，王一博的粉丝也蜂拥而来表示支持，更有粉丝在王一博还没收到滑板前就下手购买了。从各自微博的点赞、评论和转发量都可以看出粉丝经济对于博物馆旅游的推广和宣传力量。

5．"网红"经济营销

在互联网与网民快速增长的语境下，"网红"一词以野蛮生长之势出现并活跃在大众视野中。随着"网红"个体的走红，辐射范围不断扩大，形成一种网络现象，进而衍生出新型经济形态——"网红"经济。"网红经济"是指依托网络社交平台发展起来的网络红人而形成的经济效应，以红人的品味和眼光为主导，进行选款和视觉推广，在社交媒体上聚集人气，依托庞大的粉丝群体进行定向营销，从而将粉丝转化为购买力的一个过程。截至2018年,"网红"经济规模突破2万亿元,中国"网红"粉丝总人数达到5.88亿人。

网络的迅速传播让这些原本"养在深闺人未识"的地方一下子走红,再通过一些工具的美化,加上了滤镜和剪辑效果之后的景点着实让人看了就心生向往,游客慕名而至,自然成为游客争相打卡的目标。"网红"营销用最短的时间、最短的路径抵达最多的目标客户,在"网红"影响力加持下,流量指数级爆炸,能促使博物馆形象年轻化,助力品牌形象优化;"网红"带货能力强,增加博物馆特色文创产品销售渠道。永兴坊的"摔碗酒",重庆的"轻轨穿楼"、厦门鼓浪屿的"土耳其冰淇淋"、山东济南宽厚里的"连音社"和张家界的天门山等景点的爆红都在一定程度上得益于利用"网红"经济进行的营销策略。"网红"自身形式和内容的多样性赋予了文旅发展强大的营销能力,带动了博物馆的运营和旅游品牌的提升。博物馆旅游营销应传递出更多具有体验价值的旅游信息,用市场喜爱的形式内容包装设计宣传资料,以寻求与游客建立情感连接,活用抖音、微信、微博等新媒体传播渠道,精心创意策划营销活动,创造更多与潜在和现实游客互动体验的机会。

➢ "网红"经济营销案例借鉴

青海茶卡盐湖

由中国旅游报社、中国社会科学院中国舆情调查实验室共建的文旅大数据与传播平台——"世研文旅智库"对全国"网红"景区做了系统研究分析,权威发布2019中国最具影响力"网红"景区TOP10榜单,青海茶卡盐湖景区位列第4名。

茶卡盐湖坐落在青海省海西蒙古族藏族自治州乌兰县茶卡镇,被《国家旅游地理》杂志评为"人一生必去的55个地方"之一,被称为中国的"天空之境"。它如梦似幻,当天空与湖面混为一体,就像人在画中游,号称动漫中的"好莱坞"。在"网红"经济的加持下,茶卡盐湖景区已成为众多游客西北旅游必去的打卡点之一,实现了从2014年48万人次的游客接待量至2019年接待320万人次的跨越式发展。蓝天、白云与湖面相映成的"天空之镜",让不少游客盛赞青海丰富、多变的"颜值"和纯净自然的生态环境。

茶卡盐湖景色

6. 节庆活动营销

节庆营销往往是在特定时间段发生的营销活动，呈现出集中性、突发性、反常性和规模性的特点。节庆营销一般分为两类，一类是以中华民族传统节日、传统文化为基础的节庆营销，另一类则是依托举办地的特色资源衍生而来的特色节庆营销。"紫禁城里过大年""紫禁城上元之夜"等活动，为故宫带来了巨大的客流量与消费经济发展，也逐渐成为体验经济时代的博物馆营销的"金钥匙"。

博物馆要通过策划举办系列旅游节庆活动，营造节庆社会氛围，丰富博物馆旅游产品和品牌内涵。博物馆旅游在节庆营销方面要打造鲜明的主题内涵，依靠博物馆文化特色，提炼自身核心价值，与城市风情、城市形象有机融合在一起，要注重节庆活动的创意性，不仅是节庆形式上的创新，更是思维上的创新，借鉴先进的办节理念基础上，增强游客的参与性，形成现代节庆活动的创新之处，达到凝人气、造影响、树品牌的营销效果。

➢ 节庆活动营销案例借鉴

西塘汉服文化节

西塘汉服文化节是关于中华传统服饰和礼仪的宣传活动。自 2013 年举办西塘汉服文化周以来，每年 10 月底至 11 月初在浙江嘉兴市嘉善县西塘镇举办。来自全世界的中华传统文化爱好者共赴盛宴，身着汉服的翩翩公子与佳人翩跹而过，就像一幅美丽的古镇秋景图。

西塘汉服文化节现场照片

"着汉家衣裳，会天下同胞"，随着社会发展，汉服文化越来越被大众认可与接受，越来越多的汉服爱好者参与进来。在2019年举办的第七届中国西塘汉服文化周中，现场不仅有"朝代嘉年华""汉服好声音""水上传统婚礼"等活动，还有"汉服相亲大会""第三届'西塘杯'古诗词大赛""中国风漫画展"等互动环节。在这里，有创意缤纷的主题日，有丰富多彩的文化活动，更有精美的民族传统服饰以及各种礼乐、歌舞、骑射、戏剧等精彩项目。无论是大气华丽的传统汉礼婚博会、庄严肃穆的[礼·乐]传统祭祀礼和拜师礼，还是文墨书香的国学四艺和君子六艺，都是中华传统文化博大精深与独特韵味的多元呈现。"穿汉服，游西塘，习礼仪，学国学"，西塘古镇俨然成了一座秀气的中国风汉服古镇，借一场文化的盛世，与古镇热情相拥。

博物馆尤其是中小型博物馆需找准自己的文化特色，把握社会热点和时代机遇，确立鲜明的文化主题，以创意性的节庆活动为抓手，融合城市风情，借势发声，提高博物馆知名度。

7. 门户网站营销

门户网站是实体组织在虚拟网络上的门面，是网络用户直接了解一个组织最便捷的渠道，因此国内外许多博物馆都很重视网站建设，以达到树立自身良好形象和与公众良好互动的目的。

(1) 官方网站

"官方网站"是博物馆旅游营销和品牌塑造的窗口，也是一个博物馆的缩影，通过官方网站可介绍博物馆的历史、馆藏文物、巡展、古建筑、旅游资讯等相关内容，涉及导览、展览、教育、学术、文创、旅游等各个方面。官方网站不仅是博物馆的"门面"，总体介绍博物馆，还是将博物馆全方位地通过数字化进行展示的信息载体。官方网站以社交媒体技术为基础，加以个性化措施，完美展示了"以用户为导向的网站"的特点。官方网站的旅游服务模块要包含具体交通路线、优惠政策、多条参观路线建议、游览须知等，便于游客在博物馆的网站上获得线上服务以及更加详细的博物馆信息，在出行前进行更好的规划，更细致地了解博物馆。此外，为了方便游客在馆际之间参观，要加强本馆与其他博物馆的合作交流，增添一些其他著名博物馆网站的链接。

(2) 电商网站

博物馆的文化衍生品逐渐融入消费者日常生活，越来越多的博物馆开始做文创产品，也搭建了自己的电商平台。国内的博物馆，例如故宫博物院、苏州博物馆、陕西历史博物馆等在网络销售平台都有很好的表现。电商平台精致的文旅产品和网页美化设计无疑会吸引更多游客前往博物馆参观旅游，不仅通过 B2C 平台在线销售博物馆文创产品，同时也达到了传播博物馆文旅目的。《新文创消费趋势报告》显示，2018 年，仅在淘宝天猫逛博物馆旗舰店的累计访问量就达到 16 亿人次，是全国博物馆接待人次的 1.5 倍，其中有 1 亿用户是"90 后"。

➢ 门户网站营销案例借鉴

故宫博物院

北京故宫博物院是在明朝、清朝两代皇宫及其收藏的基础上建立起来的中国综合性博物馆，也是中国最大的古代文化艺术博物馆，其文物收藏主要来源于清代宫中旧藏，是第一批全国爱国主义教育示范基地。目前，故宫文创产品已经突破 10000 种，文创产品在 2017 年收入已达 15 亿元，是全国最受瞩目的"文创代言人"。

故宫电商平台及文创产品

　　早在 2010 年 10 月，故宫淘宝就开始在线上售卖周边产品，最初的周边产品与旅游景点的纪念品无异，价格高昂，质量一般，缺乏新意，2013 年，故宫淘宝以"卖萌"姿态出现在大众面前，从此开启了超级 IP 之旅。目前，故宫授权的文创店共有四家，包括故宫淘宝、故宫文创旗舰店、故宫博物院文创博物馆和故宫商城。各家都在相同的产品线上进行不同风格和系列的开发，产品设计充满趣味性，里面既有卖萌的皇帝，也有亮出剪刀手的宫女、雍正、鳌拜，他们萌萌的感觉触及了很多用户的兴趣点，雍正的名言"朕亦甚想你""朕生平不负人"等就成为了独特素材。历史典故的化用，加上当下流行元素，拉近了与年轻人的距离，故宫入驻电商平台后，开始"逆生长"，收获了更多年轻粉丝。

　　博物馆营销是当前我国每个博物馆面临的课题，也是博物馆功能性拓展、升级发展应对的挑战。博物馆首先应从挖掘自身文化出发，多角度切入，密切联系大众生活，融合多种推广方式，全面营销，合力共创，这是博物馆及博物馆旅游推广传播、塑造品牌的基础。

第七章 博物馆旅游盈利模式

一、盈利模式

1. 盈利模式含义

盈利模式，是管理学的研究对象之一，盈利模式是对企业经营要素进行价值识别和管理，在经营要素中找到盈利机会，即探求企业利润来源、生产过程以及产出方式的系统方法。简单说盈利模式就是企业获得利润的运营方式。

2. 盈利模式组成要素

根据亚德里安·斯莱沃斯基在《发现利润区》一书中关于盈利模式的相关论述，盈利模式主要包括利润点、利润源、利润杠杆和利润屏障四个要素。

（1）利润点

利润点是企业传递价值的载体，一般表现为企业的产品或服务，企业相互竞争的关键环节之一就是产品和服务，产品和服务可以让客户感受到企业追求价值最大化的过程。当今客户的需求逐渐呈现多元化的趋势，如何提高客户满意度并树立品牌是企业的关键问题。

（2）利润源

利润源是指企业的目标消费者，即购买或使用企业商品或服务的群体，是企业获取利润直接来源。一般来说，优质的利润源应该满足以下两个条件：一是客户群体数量要足够大，能够形成一定的规模效应；二是企业能够掌握客户群体的需求偏好的变化，能够及时设计生产出客户真正需要的产品。

（3）利润杠杆

利润杠杆是指企业在经营过程中投入的催化剂，是帮助企业攫取最大利润的工具、方法和平台，重要且不可或缺。利润杠杆加快了客户决策的速度，有利于用户体验的提高，是企业具有竞争力的表现。

（4）利润屏障

利润屏障是企业为了防止竞争者与本企业直接争夺利润而采取的一系列防范措施。利润屏障就是企业长期以来修建的护城河，可以保护自己不受其他企业的入侵，一般具有护城河的企业都拥有异于他人的核心竞争力。如苹果公司的封闭系统以及硬件接口标准，构成了手机、电脑、播放器等产品的利润屏障。既可以维护知识产权，又能够体现与其他公司的差异，提高企业产品的辨识度，还可以不断开发新的应用程序和配套产品从用户处获取源源不断的利润。而可持续性决定了利润屏障的稳定性，一般需要长时间构建难以模仿的利润屏障更稳定，比如技术的创新、管理的经验等，而单纯依靠政策红利、人际关系、自然资源、地理位置优势等获得屏障往往不够稳定。

3. 盈利模式分类

盈利模式分为自发的盈利模式和自觉的盈利模式两种，自发的盈利模式是自发形成的，企业对如何盈利，未来能否盈利缺乏清醒的认识，企业虽然盈利，但盈利模式不明确不清晰，其盈利模式具有隐蔽性、模糊性、缺乏灵活性的特点；自觉的盈利模式，是企业通过对盈利实践的总结，对盈利模式加以自觉调整和设计而成的，它具有清晰性、针对性、相对稳定性、环境适应性和灵活性的特征。

二、旅游盈利模式

1. 旅游盈利模式含义

旅游盈利模式指的是涉及旅游开发项目投资、收益商业模式的所有经济关系和利益相关者的运行机制的综合，是各种盈利方式的有机结合构成的一个获取收益和利益分配的商业架构。

从实践中来看，旅游项目的盈利方式一般包括三个层次：第一层次是通过整合景区内的旅游资源，提供相应的服务获得收益；第二层次是出让伴随着旅游者到来可能提供的商业机会；第三层次是对旅游开发中的资本投入所带来的经济溢出进行的辅助开发或者服务提供，最终达到整体盈利质量最大化的系统性利润构成方法。奥运会盈利方式就包含这三个层次，直接经济收益就是主要包括门票出售、彩票出售、纪念品出售、专用标志商品特许权的出售、邮票出售、企业赞助和广告费、赛事转播权的出售等方面。

2. 旅游盈利模式组成要素

（1）旅游利润点

根据上述对于利润点的阐述，旅游的利润点主要在旅游产品和旅游服务方面。随着大众对旅游的需求呈现多元化的趋势，旅游业也在不断地增加旅游新业态和丰富旅游产品，并不断地提升服务质量，逐步向高质量旅游发展。从旅游新业态方面来说，文化旅游、会展旅游、红色旅游、商务旅游、研学旅游等成为旅游热点；从旅游产品方面讲，逐步向参与性、体验性产品转变，提高游客的参与度；旅游服务方面逐渐向高质量、高效率方面发展，提高游客的满意度和认知度。

（2）旅游利润源

旅游利润源指的是旅游开发活动中，旅游开发者获得利润的目标群体。参与旅游活动的游客，通过参与体验旅游产品、购买相关产品或者服务的群体，是旅游获得利润的直接来源，主要是当地的城镇居民，周末或小长假周边外来游客也是重要的利润源。

（3）旅游利润杠杆

旅游利润杠杆指的是在旅游发展过程中所使用的促进旅游全面发展的方法、手段和平台等，如给予旅行社奖励，景区利用各种营销手段提升其知名度，发展在线旅游、门票优惠等。

（4）旅游利润屏障

旅游利润屏障是旅游经营者在发展博物馆旅游过程中为了防止竞争者与其进行竞争而采取的一系列的防范措施，如进行旅游产品的不断更新、创意营销方式等。

3. 旅游盈利模式分类

随着我国旅游业的不断发展结合上述旅游盈利方式，逐渐形成了几种代表性的盈利模式，即为"三高"模式、旅游地产模式和旅游地域综合体模式。

（1）"三高"模式

"三高模式"是我国旅游早期发展过程中最常采用的盈利模式，这种模式主要以景区作为主体，景区为增大客流量，通常会与旅行社合作，通过向旅行社提供高额回佣来赢取团队游客。在这种情形下，由于旅行社拥有大量的客源市场，在双方的合作中处于主动地位，获得的利润远远高于旅游景区，而景区为提高盈利，通常的做法是提高门票价格，门票价格的提高，导致散客客源市场的缩小，景区接待的游客中团队游客比例进一步提高，最终形成以"高门票价格＋高旅游团队比例＋高旅行社回佣"为特点的盈利模式。

采用该种模式的景区一般运营时间较短或知名度较低，这些景区为提升知名度和扩大客源市场，采取与旅行社合作的形式，可以获得较为稳定的客流量，以保证景区正常盈利。对景区来说，门票是景区主要盈利点，景区的盈利过度依赖门票的价格，过度提高门票价格来提升景区的利润会引起游客的反感，不利于景区的可持续发展。

（2）旅游地产模式

旅游地产模式是在我国旅游业和房地产业快速发展的大环境下产生的，核心是"旅游带动地产，地产反哺旅游"。旅游地产模式要求旅游园区要有特色旅游资源作为地产开发的核心驱动力。旅游地产开发中涉及旅游景区地产、旅游商务地产、旅游度假地产和旅游住宅地产。其典型代表模式是华侨城模式。其主要特点是先进行主题公园建设和运营，以旅游业带动周边地产升值并参与地产开发，以地产开发的收益进行景区及周边基础设施建设，提升景区地域形象，推动景区发展，而景区的发展则进一步带动了周边的地产业。

这一模式之下，旅游企业参与地产开发，有利于实现资金的快速回笼和高收益，从而为景区的开发建设提供资金补充；而旅游的经营发展，则有利于地产的增值和利润获取，促进地产发展。这种模式对旅游和地产的契合程度、景区企业的资金规模、地产开发主题等要求较高，且易受国家对地产和旅游业相关政策的影响。

（3）旅游地域综合体模式

旅游地域综合体模式指的是以旅游园区为中心、深度开发"食、宿、行、购、娱"等业务、增加旅游园区附加值的旅游地域综合体模式。这一模式是对旅游产业链的延伸和拓宽，不单纯依靠旅游主营业务为主要赢利点，而是通过相关产业的协同发展来丰富旅游产品，提高景区的附加值，同时，还通过围绕旅游核心业务开发的旅游衍生品进行旅游产品创新和开拓新市场，目前，比较有代表性的景区是西湖景区。西湖模式的地域综合体是以西湖景区为核心，周边餐饮、住宿、购物、休闲等企业共同发展，这种模式是开放性模式，各企业之间并无直接关系。这一模式是景区长远发展的最有利的盈利模式，同时也是对景区要求最多的盈利模式。民营旅游景区选取该种盈利模式时，应根据景区资源条件和政府相关政策，在科学合理地总体规划指导下，以雄厚的财力支撑和人才队伍作保障，适时地进行相关产业、产品的开发和引进，促使旅游综合体的快速形成，并在塑造核心竞争优势的前提下进行品牌营销，提高旅游地的整体吸引力，促进旅游业整体发展。

旅游地域综合体模式需要景区、其他旅游企业、政府、社区等共同努力构建，但其对景区盈利增加、区域经济发展有极大地促进作用，也有利于解决地区就业问题和区域旅游品牌形象的塑造，也更利于区域可持续发展。

三、博物馆旅游盈利模式

1. 博物馆旅游盈利模式含义

博物馆旅游盈利模式指的是经营主体在经营博物馆过程中，由以博物馆旅游运营为核心的一系列相关环节相互联系形成的，为博物馆经营主体创造利润以及可持续发展为目的的有机系统。

2. 博物馆旅游盈利模式组成要素

（1）博物馆旅游利润点

根据上述对于利润点的阐述，博物馆旅游的利润点主要在博物馆提供的旅游产品和服务方面，随着大众对旅游的需求呈现多元化的趋势，博物馆也在不断地丰富产品的类型和提升服务质量，如馆内观光型的展品、体验型的项目、文创产品、餐饮服务、旅游演艺产品等满足游客的满意度和认知度。

（2）博物馆旅游利润源

博物馆旅游利润源指的是博物馆旅游的游客，通过体验博物馆旅游产品、购买相关产品或者服务的群体，是博物馆获得利润的直接来源。由于博物馆等级的差别，博物馆旅游利润源随之会不同，因此我们根据博物馆拥有的资源将博物馆分为世界资源级博物馆、国家资源级博物馆、地方资源级博物馆。世界资源级博物馆旅游的利润源为全球的游客，如卢浮宫、北京故宫博物院、秦始皇兵马俑博物馆会接待来自全球各地的游客；国家级博物馆旅游的利润源主要为全国各地的游客，如上海博物馆、湖北博物馆等会接待全国各地的游客；地方级资源博物馆旅游的利润源以本省、本市的游客为主，从地理空间角度分析，地方资源级博物馆旅游的利润源主要是博物馆所在地本地居民和距离博物馆车程在2-3小时车程内的城镇居民。

（3）博物馆旅游利润杠杆

博物馆旅游利润杠杆指的是博物馆在开发旅游的过程中使用的促进旅游全面发展的方法、手段和平台等，如大英博物馆通过品牌授权的方式、故宫博物院通过研发文创产品并与天猫平台合作等方式帮助其提升知名度并获得利润。

（4）博物馆旅游利润屏障

博物馆旅游利润屏障是博物馆经营者在发展博物馆旅游过程中为了防止竞争者与其进行竞争而采取的一系列的防范措施，如进行旅游产品的不断更新、创意营销方式等。

3. 博物馆旅游盈利模式分类

随着文旅融合的不断发展，博物馆传统的收藏、研究、教育等功能已经不能满足大众的需求，许多博物馆逐渐朝新的方向发展演变，将博物馆与旅游相结合，开始逐步发展博物馆旅游或者旅游博物馆。

从场馆建设方面，现在很多博物馆都在努力营造舒适而功能多元化的博物馆内部空间，博物馆的布局中除了展厅、库房等基本区域外，还设置休息、互动、娱乐、用餐等休闲的专门区域；从功能方面，许多博物馆开展教育培训活动，如纽约现代艺术博物馆为儿童提供教育服务，开展研学旅游活动；从表现手段方面，很多博物馆开始增设体验项目，多方面开发博物馆旅游产品，结合 AR、VR 等技术，利用声光电等表现形式，增强游客的体验度，参与沉浸式的博物馆旅游活动。从服务设施方面，博物馆增设娱乐厅、购物中心、文创中心、接待室等，增加了休闲旅游诸多功能，使博物馆更加人性化，更能满足人们的需求，更好地达到为大众服务这一目的。

综上所述，博物馆在传统研究、收藏、教育等基本功能之上，增加诸多休闲旅游功能，博物馆旅游逐步成为博物馆发展的重要方向，在增添了博物馆旅游之后，结合其增添的功能，在博物馆旅游发展的过程中将会产生以下 5 种收益：旅游门票收益；场地租赁收益；研学教育收益；文创产品研发收益；旅游商品售卖收益。根据博物馆旅游的收益方式，结合博物馆旅游在实际中的运营，我们总结了门票型盈利模式、购物型盈利模式、商业运作型盈利模式、研学教育型盈利模式、品牌型盈利模式、服务拓展型盈利模式 6 种盈利模式。

（1）门票型盈利模式

> ➤ 模式阐述

门票型盈利模式指博物馆旅游在开发运营过程中采用门票收费的方式，在博物馆出入口设有工作人员进行验票的管理方式，主要采取"一票制"方式，游客不得自由进入博物馆，必须先买博物馆的门票，此门票包括博物馆中的所有场馆（景点）或者其中的多场馆（景点），而博物馆旅游的主要收入也来自门票收入。

> ➤ 模式评价

采用门票型盈利模式的博物馆，主要分为资源禀赋型博物馆、体验型博物馆。资源禀赋型博物馆一般指馆内藏品资源价值较高，是世界顶级的自然资源、文化资源、科技资源，如秦始皇兵马俑博物馆；体验型博物馆主要依托馆内的环境、设施、场地等，通过实景、实物、科技手段等，让游客进行充分体验，如科多罗拉铁路博物馆、青岛贝林自然博物馆等。

从利润点角度进行分析，博物馆旅游门票型盈利模式的盈利来源主要是门票，容易将博物馆旅游经济演变成为"博物馆旅游门票经济"，不利于博物馆旅游的长远发展，尤其是针对一些资源禀赋等级不算高、特色不明显的博物馆，通过涨门票来提升博物馆旅游盈利无疑是杀鸡取卵。

从利润源方面进行分析，博物馆旅游门票型盈利模式中经营主体是主要收旅游者的钱，包括门票、纪念品等其他方面的消费，其主要目标是本地城市的居民，周末或小长假周边外来游客也是重要的利润源。

从盈利模式的稳定性来看，旅游门票是门票型博物馆的主要收入来源，受多方面因素的影响，收入受到游客数量的影响较大，游客"用脚投票"主观性较强，旅游经营存在不稳定性，对于消费市场多变复杂的环境应对不够灵活。

> **案例链接**

案例一：秦始皇兵马俑博物馆

秦始皇兵马俑博物馆位于陕西省西安市临潼区城东，为我国一级博物馆，是我国第一个封建皇帝秦始皇嬴政的陵园中一处大型从葬坑，陵园面积218万平方米。博物馆以秦始皇兵马俑为基础，在兵马俑坑原址上建立的遗址类博物馆，也是中国最大的古代军事博物馆，博物馆展现了秦军的编制、武器的装备和古代战争的阵法，反映了秦朝兵强马壮的阵容，被称为"世界第八大奇迹"。秦始皇兵马俑博物馆主要采取兵俑展览的方式向大众开放，借助其世界闻名的优势条件，博物馆每年都会吸引大量的中外游客前来参观。目前博物馆主要采用收取门票的经营方式，门票收入是博物馆的主要收入来源，购票方式主要为现场购票和网上购票两种。2018年，秦始皇帝陵博物馆共接待中外游客达8580416人次，成为继故宫博物院之后全国第二个年接待观众超过600万人次的博物馆门票收入突破10亿，成为博物馆旅游的主要收入来源。

案例二：青岛贝林自然博物馆

青岛贝林自然博物馆位于青岛市市北区辽宁路280号，是由青岛市北区政府、美国环球健康与教育基金会、中国科学院青岛科学艺术研究院合作共建，是全国唯一以贝林先生命名的自然博物馆。依托美国著名慈善家肯尼斯·尤金·贝林先生无偿捐赠的400多件珍稀野生动物标本，利用中科院数字影像和交互技术，把展览形式和内容完美地结合，赋予动物第二次"生命"，充分展示人与自然的和谐共生，打造集科技、文化、旅游、休闲、公益、科普、教育服务功能为一体的互动体验型的自然博物馆。游客在博物馆内可以充分感受体验多彩的生物世界，并且游客在此可以重新审视人类在生物界的地位，从而树立保护自然生态的意识。

目前博物馆的运营采用收取门票的方式，门票作为博物馆的主要收入来源，门票分为单票和通票，采用现场购票和网络购票两种方式，现场购票80元，影院和VR单独收费，也可以买通票120元，游客根据游览时间和需求自行选择。

（2）购物型盈利模式

➢ 模式阐述

作为旅游六要素之一的"购"，是旅游发展过程中的重点开发内容，也有很多以购物作为旅游开发的主题景区或者街区，如特色商业街区，其盈利方式主要以购物为主，形成了购物型盈利模式。同样地在博物馆旅游开发的过程中，其经营主体的盈利主要依托商品售卖而形成的一种运营体制机构。

➢ 模式评价

从利润点角度进行分析，购物型盈利模式中，博物馆旅游的经营主体深度挖掘博物馆资源的艺术价值、纪念价值、收藏价值，进行商业开发，这种模式之下的博物馆设有旅游购物商店、销售专柜、专营店、礼品店等购物场所，营造良好的购物氛围，吸引更多的游客前来，提升博物馆的人气，带动博物馆旅游的发展。

从利润源方面进行分析，购物型盈利模式中，经营主体是主要收旅游者的钱，主要是商品购买方面的消费，主要目标是本地城镇的居民，假期外来游客也是重要的利润源。

从盈利模式的稳定性来看，商品售卖作为购物型盈利模式的主要收入来源，博物馆开发的特色商品吸引大众的关注，吸引大量的人群，将带动周边地区商业的发展，从而会形成特色商业街区，特色商业街区的发展也会促进博物馆旅游的发展，二者相互促进，形成较稳定的发展模式。

（3）商业运作型盈利模式

> **模式阐述**

商业运作型盈利模式指的是依托博物馆的场地和知名度，在博物馆固有的收藏和展览等功能基础上，通过引入商业运作方式从而获得利润的一种模式。

> **模式评价**

从盈利模式的利润点角度进行分析，在商业运作型盈利模式中，博物馆旅游经营主体的盈利点是场地租赁和管理。这种模式下博物馆旅游的经营主体通过增设会展中心、会议中心、餐厅、图书馆、剧院等设施，将场地或者平台向外出租，以收取租金和管理费用的形式获得盈利，租金和管理费用是主要的盈利点。

从盈利模式的利润源来看，在博物馆旅游商业经营盈利模式中，经营主体主要的收入来源是收取租赁者的钱，包括租赁博物馆内场地的租金和管理费用，其主要目标就是当地城镇居民和外来的游客，主要满足他们对会展、活动举办、餐饮、休闲、娱乐、学习等方面的需求。

从盈利模式的稳定性来看，博物馆旅游延伸发展商业活动、服务业活动等聚集了大量的人气，进而促进相关会展、会议等活动在此举办，同时也带动餐饮、休闲娱乐的发展，为博物馆旅游经营主体带来了源源不断的利润，并且在一定时期内餐饮、图书馆、剧院等租金稳定不变，一般都是以年为单位，保证了盈利的稳定性。

> **案例链接**

菲尔德自然历史博物馆（英文：Field Museum of Natural History）位于美国伊利诺州芝加哥，建于1893年，原名哥伦比亚博物馆，主要是为了保存哥伦比亚世界博览会的生物和人类学展品。这座巨大的世界级博物馆里，留出6万平方米的区域用于展览，探索世界各地的文化和环境，菲尔德博物馆收藏了超过2100万件的标本，兼具教育展览、学术研究和收藏保护功能，从甲虫、木乃伊到猿猴标本，还有宝石矿石样样俱全。随着美国政府直接拨款不断缩水，经济不景气导致日常收入减少，博物馆正常运转受到了影响，从上世纪80年代开始，菲尔德自然历史博物馆尝试通过出租场地增加收入，有暴龙"苏"以及完整埃及法老墓室等2300万件藏品的菲尔德自然历史博物馆从事场地出租业务已有25年历史，形成了成熟的商业运作模式，博物馆其他十余处小型展厅、露天平台、图书馆、剧院等场所也对外出租，诸如商务宴请、社交晚宴、会展、典礼、毕业舞会和电视电话会议都可在这里举行，最大接待能力达到1.5万人。现在博物馆闭馆前10分钟，有名的斯坦利大厅还会熙熙攘攘，各地游客争着与暴龙"苏"合影。不过，闭馆后一小时，大厅就可按顾客的个性化需求布置为1500人晚宴或7500人招待会的会场。菲尔德自然历史博物馆的商业活动运作已高度程序化，博物馆有合作多年的专属宴会承办商、花草零售商、设备提供商和声效师，他们了解在博物馆举办商业活动的特殊性，博物馆通常只需派出一名客户经理监管全过程。这些商业活动是以不打扰公众参观、确保文物安全为前提的，而且经营过程和资金管理公开透明。

数据显示，2018年菲尔德自然历史博物馆收入约为6800万美元，其中仅10%来自各级政府拨款（数据更新）。商业活动为博物馆带来的不仅是资金，还能以独特的文化体验方式吸引更多参观者和潜在捐助人。许多人是作为受邀宾客第一次踏入博物馆的，之后则成为常客。

(4)研学教育型盈利模式

> ➤ **模式阐述**

研学教育型盈利模式指的是依托博物馆内的资源和场地，以研发、学习、宣传教育为目的，针对在校学生、专业工作人员以及其他社会人员开展的旅游活动，并从中获得利润的一种运行机制。

从博物馆的定义和功能角度看，博物馆基本都具备研学教育的功能，国内大部分博物馆都是以展示、讲解的方式进行宣传教育，参与体验型的项目较少。国外很多博物馆比较重视公共教育项目，如卢浮宫会设置不同层次的艺术学习项目，集中于当代艺术的学习、研究，卢浮宫每年接待的参观者中，有近一半是学生，卢浮宫有专门为学生服务的教育场所，被称为"艺术车间"；大英博物馆从事与博物馆事业相关的科学研究，博物馆比较注重对馆内所有文物藏品作科学与文化的诠释，以便让更多的民众懂得并了解博物馆内存放展品的学术意义与文物价值。

> ➤ **模式评价**

从盈利模式的利润点角度进行分析，在研学教育型盈利模式中，经营博物馆旅游经营主体的盈利来源是项目研发经费和研学教育活动所产生的费用。这种模式下博物馆旅游的经营主体通过利用馆内的藏品进行深度开发利用，如大纽约现代艺术博物馆结合艺术产品研究"阿兹海默症"，得到企业和大众的支持，获得募捐，用以支持相关项目的研发教育；同时博物馆还为儿童提供教育活动，并从中获得利润。

从盈利模式的利润源来看，在博物馆旅游研学教育型盈利模式中，经营主体主要的收入来源是政府、企业、当地的城镇居民等。国内博物馆开展研学教育活动主要的收入来源是政府支持和在研学教育活动中产生的消费，目前我国正在全面发展研学教育项目，博物馆作为开展研学教育活动的良好载体，政府在资金、政策方面支持其发展；博物馆在开展研学教育活动中，会产生餐饮、住宿、商品购买等费用，成为这一类型博物馆盈利的重要组成部分。

从盈利模式的稳定性来看，博物馆在其宣传教育功能的基础之上逐步向研学教育方面拓展与加强，将会得到政府、企业和大众的广泛关注，通过开展项目研发与研学教育活动，扩展了博物馆的经营渠道，研学教育为博物馆带来政府资金支持、企业捐助或者资助、研学教育活动中的费用等多方面的盈利方式，支持博物馆的运作与发展。这种盈利模式下，盈利结构对政府和企业的支持有一定的依赖性，博物馆在发展过程中要根据自身的优势以及结合市场的需求，不断地进行研学产品创新与提升，树立良好的品牌，提升服务质量，从而保证其收益。

➢ 案例链接

纽约现代艺术博物馆（Museum of Modern Art）位于纽约市曼哈顿城，是世界上最杰出的现代艺术收藏地之一，与英国伦敦泰特美术馆、法国蓬皮杜国家文化和艺术中心等齐名，该博物馆经常与大都会博物馆相提并论，虽馆藏少于前者，但在现代艺术的领域里，该馆拥有较多重要的收藏。博物馆最初以展示绘画作品为主，后来展品范围渐渐扩大，包括雕塑、版画、摄影、印刷品、商业设计、电影、建筑、家具及装置艺术等项目。随着博物馆的不断发展，为了满足大众的需求，博物馆不但扩充了视觉和听觉的艺术表现，更积极投入艺术教育，如扩大图书馆、档案室、阅览室、大讲堂、剧场、工作室等，让艺术爱好者有更多的学习机会。

纽约现代艺术博物馆利用其藏品资源以及人才资源发展艺术教育项目，这其中最具代表性的是"我们在博物馆见"阿兹海默症项目，纽约现代艺术博物馆是第一个发起阿兹海默症项目的博物馆，阿兹海默症，也就是我们俗称的老年痴呆症、失智症，在美国有500多万的患者，在中国也有600多万人患有此症，并且人数仍在不断地增加。遵循着为不同群体的观众提供服务的原则，是纽约现代艺术博物馆开展这个项目的初衷。这个项目以导览和互动为主，不仅面向轻度到中度的阿兹海默症的患者，也是为了照顾他们的家属所设计的。后来得益于企业的赞助，这个项目已在全美国推广，这一举动增强了博物馆教育研究方面的功能，提升了博物馆的知名度，吸引大众的关注，为其发展教育研学项目奠定基础。

纽约现代艺术博物馆除了推出科研项目，还为4-14岁儿童提供教育的服务，为前来参观的家庭观众提供设计精美的电子版和纸质版家庭指导手册，其中提到，艺术实验室面向全体观众开放，家长可以为孩子领取活动卡片，通过绘画、写作及多种互动活动让孩子与艺术作品近距离接触。周末，有4至14岁儿童的家庭可以参与导览、工作坊、电影放映等相关活动，包括有精神或者身体障碍的儿童。此外，5至12岁的儿童可以在前台领取免费的语音导览设备，或者下载APP收听专门为儿童制作的语音导览。家庭导览和艺术工作坊针对不同年龄段儿童的发育水平和智力特征，在主题设计和使用材料等方面进行了细分。4岁的儿童参加工作坊时需要家长陪同，工作坊主要通过引导儿童看、听和说来帮助他们探索和感受现当代艺术，如认识艺术材料、了解人物画像、感受线条等。对于5至10岁的儿童，工作坊通过讨论和互动活动带领他们近距离感受大师作品以及前卫艺术。针对11至14岁的儿童，工作坊进一步引导他们分享和交换观点，以不同视点来思考艺术，如了解艺术家的创作材料和创作过程，观看某位艺术家的回顾展等。除此之外，博物馆还专门设置了接待学生的教育场所，博物馆每年接待的游客中，将近三分之一的人是学生，博物馆全面推动了研学教育的发展。

（5）品牌型盈利模式

➢ 模式阐述

品牌是人们对一个企业及其产品、售后服务、文化价值的一种评价和认知，是一种信任。品牌已经是一种商品综合品质的体现和代表，当人们想到某一品牌的同时总会和时尚、文化、价值联想到一起，企业在创品牌时不断地创造时尚，培育文化，随着企业的做强做大，不断从低附加值转向高附加值升级，向产品开发优势、产品质量优势、文化创新优势的高层次转变。同样，博物馆在形成发展过程中也会形成其特有的品牌。博物馆旅游品牌型盈利模式指的是博物馆依托其自身的品牌，在其发展旅游过程中不断通过拓宽产业的链条获得利润的一种运行机制。

一般而言，依托这一模式盈利的博物馆都是全球知名的博物馆，拥有世界顶级的资源或者是特有的资源，博物馆本身就已成为一处景点，如卢浮宫、大英博物馆、北京故宫博物院、秦始皇兵马俑博物馆，这些博物馆都已形成了自己独有的品牌，这些博物馆在发展旅游的过程中，进一步拓展其产业链条，不断开辟新的路径，如结合其馆藏发展文创产品、进行品牌授权活动，进一步塑造其品牌形象，促进博物馆旅游的发展。

➢ 模式评价

从利润点角度进行分析，品牌型盈利模式的盈利来源主要是品牌自身所带来的费用，如品牌授权产生的盈利点；还有游客在参与博物馆旅游过程中所产生的费用，如门票、购物、餐饮、住宿、咨询、娱乐、版权费等，是一个综合型的盈利模式，这些成为博物馆的重要盈利点。

从利润源方面进行分析，博物馆旅游品牌型盈利模式中经营主体主要是前来的旅游者，其主要目标是当地的城镇居民，周末或小长假周边外来游客也是重要的利润源。

从盈利模式的稳定性来看，在品牌型盈利模式下，博物馆旅游的收入来源涉及门票、餐饮、购物、咨询、体验等多方面，属于综合性的收益方式，模式相对来说较为稳定。

➢ 案例链接

大英博物馆（The British Museum），又名不列颠博物馆，位于英国伦敦新牛津大街北面的罗素广场，博物馆成立于1753年，于1759年1月15日起正式对公众开放，是世界上历史最悠久、规模最宏伟的综合性博物馆，也是世界上规模最大、最著名的四大博物馆之一。博物馆收藏了世界各地许多文物和珍品及很多伟大科学家的手稿，藏品之丰富、种类之繁多，为全世界博物馆所罕见，有藏品800余万件。

穿着古印度画卷制成的连衣裙，拎着中国明朝瓷器纹理的拉杆箱，脚踩带欧洲18世纪漫画图案的凉鞋，在炎炎夏日里一定会成为众人目光的焦点。这些让人眼前一亮的单品都来自于大英博物馆的品牌授权产品，那他们是如何做到的呢？

近年来，随着政府每年都在削减大英博物馆的预算，博物馆需要改变，需要找寻新的资金来源，大英博物馆内的大量藏品有着巨大学术价值的同时也可以作为创造利润的资源，大英博物馆的高度权威性和藏品背后的历史、文化意义，都能够帮助商家提升他们的品牌价值，因此大英博物馆开始采用品牌授权方式获得资金，划分了四个领域进行授权：社区和培育、装饰与仪式、农业与耕作、历险与发现等四个领域。

2016年大英博物馆开始在欧洲授权商品，并在同年带着4件授权商品首次参加拉斯维加斯授权展。近几年大英博物馆陆续将藏品的设计版权授予品源文华、电子阅读器Kindle、旅行箱包品牌ITO、美妆品牌欧莱雅、野兽派、天猫、小米、阿里鱼等多家企业，让企业从中汲取灵感进行设计，藏品内容涵盖范围极广，从动物学图谱到19世纪初欧洲风情画，从古希腊金币到雕塑"掷铁饼者"，从世人皆知的文物到从未展出的珍贵画作等，基于这些IP授权，旅行箱品牌ITO推出了5款跨界合作的行李箱，服装品牌两三事设计了印度系列服饰，天堂伞上线了独家合作款晴雨伞，女鞋品牌百丽的一整个系列鞋品也汲取了大英博物馆多个馆藏的精髓。

2017年大英博物馆与其合作伙伴天猫、阿里鱼在位于伦敦的大英博物馆召开了一场发布会，同时进行了网络直播。直播后的一个星期，博物馆的线上访问量达到1700万，而2016年一整年大英博物馆的访问量仅为1200万，而后一个月的营业额达到了100万美元，创造了大英博物馆收入的奇迹。2018年大英博物馆天猫旗舰店正式开业，产品涵盖了手机壳、钥匙扣、公交卡套、胶带等多款文创衍生品，在设计上除融入大英博物馆的镇馆之宝"罗塞塔石碑"外，很多产品还融入木乃伊、十二美人姿、神奈川冲浪里等多种品牌元素，商品上架后，大受欢迎。

对于博物馆来说，品牌授权就是找到一种新的方式将故事讲述给已有的粉丝，并找寻机会吸引新的粉丝，从中获得利润，支持博物馆的发展。

（6）服务拓展型盈利模式

> **模式阐述**

服务拓展型盈利模式指博物馆通过增加服务种类、拓宽服务类型方式获得利润的构架，在博物馆原有的参观功能基础之上，横向延伸博物馆旅游产业链条，全方位满足游客的需求，如增加餐饮、住宿、文创产品研发体验等功能，提高博物馆的综合收益。国外的博物馆几乎都设有咖啡厅，咖啡厅已经成为博物馆公共服务必不可少的部分，现在绝大部分的博物馆都无法在半日内完成游览，博物馆要留住观众，提供餐饮服务势在必行，如日本国立新美术馆每一层都设有餐吧，为游客提供良好的就餐环境。

> **模式评价**

随着大众对博物馆旅游服务需求的逐渐升高，博物馆旅游仅有的观光游览功能已经逐渐不能满足大众的需求，仅靠收取门票的单一盈利模式也逐步限制了博物馆旅游的发展，要围绕旅游六要素"吃、住、行、游、购、娱"不断地拓展博物馆旅游的服务，实现博物馆旅游的可持续发展。这一模式适用于大部分的博物馆，但博物馆在拓展其服务种类的时候，要根据实际情况选择适合其场地和市场的服务要素。

> **案例链接**

北京故宫博物院建立于1925年10月10日，占地面积723600余平方米，是在明朝、清朝两朝皇宫基础上建立起来的综合性博物馆。其藏品主要来源于清代宫中旧藏，涉及古书画、陶瓷、青铜器、工艺品等诸多文物类型，是中国最大的古代文化艺术博物馆。

2007年以前，北京故宫博物院的主要收入来源是门票，为让文物活起来，让文化融入到生活，2008年，故宫博物院成立了以"将故宫文化带回家"为开发理念的故宫文化创意中心，旨在把深厚的历史底蕴与文化积淀，通过文创产品研发为观众架起一座沟通文化的桥梁，真正让大众通过产品学习文化、通过文化引发思考、通过思考获取精神升华。2017年北京故宫博物院文创产品数量超过一万种，文创产品的销售收入已经达到15亿元，这一数字已经超过了门票收入，成为故宫最主要的收入方式。

在文创产品售卖方面，北京故宫博物院开在天猫淘宝平台上面共有6家店：故宫淘宝、故宫文创、故宫出版、故宫食品、上新了·故宫、故宫文具。数据显示，目前，"故宫文创"天猫店的粉丝超过300万、"故宫淘宝"粉丝超过500万，在天猫上逛故宫的消费者，超过一半是"90"后，人数则已经是去故宫博物院参观人数的3倍。文创产品的研发不仅为故宫带来了直接的利润，还大幅度提升了大众对故宫的关注度，传播了优秀的传统文化，真正让故宫文化遗产活了起来。

第八章　博物馆旅游案例分析

一、收藏火爆引发博物馆热

国家扶持文化产业和促进博物馆发展政策的利好推动下，中国博物馆尤其是私人博物馆的发展迎来前所未有的新局面。中国博物馆登记数量从2008年的2539家增长至2015年末的4692家，7年时间增长了2153家，增幅高达83%。与之相对应的是中国私人博物馆的数量由2008年的315家猛增至2015年的1110家，最快时期3天增加1家，7年间2.52倍的增幅，充分表现了在政策引导下，私人博物馆的发展势头迅猛强劲。目前中国的私人博物馆，在管理体制上定位为"民营非企业"。

1. 观复博物馆

观复古典艺术博物馆在1996年获得政府批准成立，该馆是由马未都创建的，是新中国成立后第一家正式注册的民营博物馆，2007年更名为观复博物馆。该馆以其丰富的收藏、独特的管理体制、多渠道的经费来源成为我国民营博物馆的标杆。

当时馆名为观复古典艺术博物馆，馆址在北京宣武区琉璃厂西街53号。1997年1月18日对外开放，展厅面积400平方米。2001年1月18日馆址迁至北京朝阳区南小街竹竿胡同华智大厦，展厅面积不变。2004年8月正式搬迁至朝阳区金盏乡金盏南路18号的新馆，展览区和专设会员区的占地面积是2800平方米，博物馆内设有不同的功能室，如瓷器馆、家具馆、工艺管、门窗馆、影像馆等，馆内定期开设展览和讲座，并提供文物鉴定及业务咨询服务。文物展览主要是开放交流的形式，有助于人们更全面地了解历史，从而提升对文化历史的认同感。2007年，观复古典艺术博物馆正式更名为"观复博物馆"。观复博物馆还在浙江杭州、福建厦口、黑龙江哈尔滨、上海、深圳等设有地方馆

观复博物馆成立20周年之际，坐落于上海陆家嘴城市新地标——上海中心大厦，世界上最高的"空中博物馆"上海观复博物馆盛大落成。馆内藏品分为瓷器馆、东西馆、金器馆、造像馆四大主题展馆以及一个临时展厅，宋瓷的繁盛、东西文化结合的魅力、古代金器的光影效果，馆内一切均为上海这座城市量身定做。

在国内外多个以北京为目的地的旅游产品线路中，"观复博物馆"都赫然在列，说明观复博物馆已经在成为北京的核心吸引物之一。相较于故宫博物院、国家博物馆等传统博物馆，观复博物馆更以其"私人博物馆"的性质，以及馆内多样的藏品吸引着一众细分游客市场。市场化的运营模式及潮品业务的融入及马未都的个人IP经营，都是观复博物馆成功的关键。

北京观复博物馆大门

上海观复博物馆某展厅

2. 建川博物馆聚落

建川博物馆聚落由民营企业家樊建川创建,位于中国博物馆小镇(经中国博物馆协会授予)——大邑县安仁镇,占地500亩,建筑面积10余万平方米,拥有藏品1000余万件,其中国家一级文物425件。博物馆以"为了和平,收藏战争;为了未来,收藏教训;为了安宁,收藏灾难;为了传承,收藏民俗"为主题,现已建成开放抗战、民俗、红色年代、抗震救灾等四大系列32座场馆,是目前国内民间资本投入最多、建设规模和展览面积最大、收藏内容最丰富的民间博物馆,自2005年8月15日对外开放以来,累计接待观众1300余万人次,成为了传播先进文化、弘扬抗战精神、抗震救灾精神、红军长征精神、传承民族文化的重要场所和一张亮丽的中国革命文化名片。

目前已对外开放的陈列馆有抗战文物陈列中流砥柱馆、正面战场馆、飞虎奇兵馆、不屈战俘馆、川军抗战馆、日本侵华罪行馆及抗战老兵手印广场、中国抗日壮士群雕广场和援华义士(1931-1945)群雕广场;红色年代系列瓷器陈列馆、生活用品陈列馆、章钟印陈列馆、镜面陈列馆、知青生活馆、邓公词、"辉煌巨变:1978-2018"主题展;民俗系列三寸金莲文物陈列馆、老公馆家具陈列馆;

地震系列震撼日记5·12-6·12馆、地震美术作品馆、5·12抗震救灾纪念馆以及红军长征在四川纪念馆、国防兵器馆、航空三线博物馆、长江漂流纪念馆、李振盛摄影博物馆、一条大河波浪宽——新中国七十年民间记忆展等。

建川博物馆的建成和开放有效带动和推进了安仁镇古街、公馆庄园、农业园区的开发利用，使安仁镇成为特色鲜明的文化旅游热点，成为了国内目前唯一的"中国博物馆小镇"和全国首批"中国特色小镇"，为当地城乡统筹、产镇融合做出了积极贡献。

建川博物馆已成为集文化旅游项目投资管理、创意策划、规划设计、场馆建设、展陈施工、展品提供以及管理服务一体化的专业文化旅游服务机构。先后完成了山东枣庄台儿庄大战遗址博物馆、海南文昌文化园、青岛市青岛山一战遗址公园、川陕革命根据地红军烈士纪念馆、陕西扶眉战役纪念园、云南松山大战纪念园、宜宾李庄古镇旅游总体策划及六个展馆陈列布展、绵阳中国两弹城等数十个项目的策划、规划设计和陈列布展工作。此外，博物馆还利用馆藏文物支持了《南京！南京！》《唐山大地震》《暗算》等影视作品的拍摄，并向卢沟桥抗战馆、军博、川陕革命根据地红军烈士纪念馆、乡城红军纪念馆、宜宾李庄等捐赠文物3000余件。

建川博物馆突破了传统意义上单纯的"博物馆"的概念，匠心独具地将各种业态的配套设施如酒店、客栈、茶馆、文物商店等各种商业等汇集在一起，呈现出亚博物馆状态，形成了一个集藏品展示、教育研究、旅游休闲、收藏交流、艺术博览、影视拍摄等多项功能为一体的新概念博物馆，也成为文博旅游及乡村休闲度假旅游目的地。

目前，建川博物馆正积极作为一个博物馆供应商提供博物馆策划、藏品提供、场馆设计/维修等服务，已经其策划建成的有刘文辉将军故居陈列馆、乡城红军长征纪念馆、磨西红军长征纪念馆、川陕革命革命根据地红军烈士纪念馆、李庄古镇六展馆、重庆建川博物馆聚落等。

建川博物馆聚落景观题词墙

不屈战俘馆

3. 中国紫檀博物馆

1999年国庆前夕，陈丽华馆长耗资2亿元建造的明清风格的中国紫檀博物馆在京城正东落成。紫檀博物馆占地25000平方米，展厅面积9569平方米，设有中央大厅、陈列厅、会议厅、贵宾厅、多功能厅及临时展厅等，设有传统家具精品展示；佛教文化艺术品展示；雕刻工艺展示；微缩中国古建筑景观：故宫的角楼，紫禁城御花园中的千秋亭与万春亭；山西五台山龙泉寺牌坊，320条蛟龙姿态各异，精湛的圆雕、浮雕、透雕；古色古香的北京四合院，翘入云天的山西飞云楼，大型的老北京古城门建筑模型……这些传递着东方情韵的艺术珍品，皆由珍贵的紫檀木由能工巧匠制作而成。

这个首家国字头私人紫檀博物馆，以故宫藏品家具器物为标，集聚数百工匠数年如一日秉承"一凿、二刻、七打磨"的全手工、全卯榫组法，制成了逾千件精品，把中国传统的手艺发挥到极致，被顶级文物专家称为"不云绝后，却是空前"之大作。馆内不仅陈列有陈丽华馆长收藏的百余件明清紫檀绝品和千余件精品，更有经陈丽华开发再现的"活文物"——传世紫檀工艺制作绝技的现场演示。

2004年1月，中国紫檀博物馆被国家旅游局评为4A级旅游景点，率先开启了民营博物馆进入旅游业的先河，也成为北京市对外开放及文化交流的重要场所。2011年9月，中国紫檀博物馆申报的"紫檀雕刻技艺"被国务院列入第三批国家级非物质文化遗产名录，2012年，又被北京市政府定为北京市非物质文化遗产生产性保护示范基地，接待了来自世界各地的游人及各国政要。

中国紫檀博物馆首家分馆于2019年12月中旬在珠海横琴开馆，成为珠海横琴新区重点打造的旅游标杆及文化名片。

紫檀博物馆大门

紫檀木雕成的微缩天坛祈年殿

4. 包畹蓉中国京剧服饰艺术馆

京剧之所以迷人，除唱腔动听、身段优美外，绣工精致、华丽妖娆、光彩夺目的戏服有着重要的因素。历代京剧表演艺术家把传统的民俗、民间艺术通过美学中的夸张、象征、变形等手段运用到京剧服饰中，把自然的美学和民间淳朴抽象的图案转化为服饰中的装饰图样，以此来为京剧人物造型服务，来表达人物个性及其美的特点。这些多姿多彩的京剧戏服，是中国传统文化与民族艺术的奇妙融合，给人们带来了强烈的美感。

在海湾旅游区的观光大道上，面朝杭州湾的龙腾阁西侧裙楼二楼就有一个很有特色的陈列馆——包畹蓉中国京剧服饰艺术馆。走进近500平方米的展示馆，"玉堂春""贵妃醉酒""霸王别姬"……近百件华美戏服，一一行云流水般展现开来，坎肩、帔、褶子、飘带、银地粉红袄裙、密片女蟒……让人叹为观止，金丝缭绕、花团锦簇、色彩纷繁；粉红、翠绿、月白、湖蓝、葡萄紫、黑、金、明黄……等色彩让人眼花缭乱。这里收藏的各类京剧服饰以静态造型等形式展出，按生、旦、净、末、丑角色分别陈列。梅派的典雅、程派的清越、尚派的婉约、荀派的活泼均在这里一展风采。据统计，博物馆中各款京剧表演用的蟒袍、裙袄、斗篷、开氅、云肩、大靠、官服、龙套衣等愈千件，加上其他道具，数量之多足以装备四五个剧团。

包畹蓉，男，1928年生于浙江湖州名门望族，上海包畹蓉京剧艺术博物馆艺术馆的创办人，上海著名收藏家。包畹蓉自幼酷爱京剧，15岁那年就拜"四大名旦"之一的荀慧生为师从艺，后又多次易师，拜黄秋生、王瑶卿练功学艺。1953年，包先生亲自组建了"包畹蓉京剧团"，之后又转为收藏和制作京剧服饰，是"上海市非物质文化遗产项目京剧服饰制作技艺代表性传承人""薪火相传——中国文化遗产保护年度贡献奖"获得者、"中国文化遗产年度保护人物"。

包畹蓉中国京剧服饰艺术馆

京剧服饰馆吸引了众多外国游客

5. 玺宝楼青瓷博物馆

吴克顺是甘肃景泰人，1971年入伍，1981年随部队调入深圳参加特区建设。1983年转为深圳人。1986年，他任锦绣中华微缩景区的工程技术部经理。为建设游览景区里的"小人国"，3年间他跑了国内外100多个风景名胜区考察，也参观了全国的陶瓷厂，深入了解陶瓷的烧制过程，随着对青瓷的了解，他开始对青瓷收藏有了兴趣。1987年9月开始收藏古瓷器，经过几年的积累，他在青瓷收藏和保管方面有了专业的知识和经验，与陶瓷界许多专家建立了良好关系。1996年，吴克顺开始筹办青瓷博物馆。

青瓷以宋朝官窑的瓷器最为名贵。在青瓷博物馆里，有9件宋瓷摆在最突出的位置，安排的空间也最大。汪庆正在评价青瓷博物馆时说过这样一句话：宋代修内司官窑的瓷器是珍稀瑰宝，有1件就了不起，玺宝楼竟然有9件。

1998年11月14日，深圳第一个私营博物馆、全国最大的青瓷专项博物馆——玺宝楼青瓷博物馆正式开馆。

玺宝楼青瓷博物馆位于全国文明城市——深圳市罗湖区宝安南路2095号，是深圳市首个民办博物馆、首个民办爱国主义教育基地。它是世界唯一的以系统收藏、陈列、研究中国古代青瓷的专题性博物馆，也是国内外青瓷数量最多、我国展出青瓷数量最多、品类最全、体系最为完备的首座私立青瓷博物馆，国内最大的私人博物馆，中国十大民间博物馆之一。

青瓷博物馆大门　　青瓷博物馆内的藏品陈列

二、特色小镇促进博物馆热

县域特色产业的发展，带动了一批产业优势鲜明的特色小镇的发展，从而形成了小镇特色的产业文化。为了将产业文化具象表达，形成了很多特色小镇里的行业博物馆。行业博物馆是指专门从事某一行业相关文物标本的收藏保护、研究和展示的机构，它利用特殊的行业文物，以其特有的展示手段，阐述该行业的历史发展和文化内涵，达到传播文化科学知识，为社会发展服务的目的。

营销功能是近年来越来越被关注的博物馆功能。博物馆是文化的宝库，有人说：要想了解一个国家，去看它的博物馆；而要了解一个企业，也应该去看博物馆，特色小镇的博物馆同样如此。

1. 乐器博物馆——泰兴黄桥镇

江苏泰兴的黄桥镇，全球三分之一到一半左右的小提琴都是来自这个古镇。黄桥镇的农民们生产的小提琴干翻了全世界的同行，成为世界最大的小提琴出口基地。2018年10月，中国轻工业联合会、中国轻工业协会发文，继续授予江苏省泰兴的黄桥镇"中国提琴产业之都"的称号。在黄桥，很多孩子从小就学习小提琴，很多年轻人把做小提琴视为终身的行业。

黄桥镇古街区 　　　　　　　　乐器博物馆

2015年起，黄桥镇在省级文化产业园的基础上，规划建设琴韵小镇，规划面积3.17平方公里。2017年5月，黄桥琴韵小镇入选江苏省首批特色小镇创建名单，同年，入选国家级特色小镇创建名单。琴韵小镇建设强调地域特色，凸显传统文化，聚合音乐元素，按照高品质、高颜值、高气质的要求，规划建设小镇客厅，打造滨水民间艺术特色街区、滨水音乐文化体验街区等，改造乐器博物馆、

建立琴艺名人馆、开设琴韵主题酒店，力求让琴韵文化融进每一个节点、每一栋建筑、每一条街区，形成古今交融、文旅贯通的小镇形态，营造"无处不琴、无事不韵"的氛围。

2. 中国阿胶博物馆——山东东阿县陈集镇

中国阿胶博物馆，建于2002年，坐落于泰山脚下、黄河岸边的东阿县城东临，由全国最大的阿胶生产企业——东阿阿胶出资兴建，总投资4000余万元，是我国首家以单一中药品牌阿胶发展为主题的专题博物馆。现为国家AAAA级景区、全国中医药文化科普教育基地。博物馆馆藏面积1400平方米，广泛收集了与阿胶相关的历史文物、图文影像资料等上万件，一馆珍藏，为游客讲述阿胶的前世今生。

中国阿胶博物馆共分为11个展厅，由古代和现代两部分组成。古代部分主要体现阿胶从古至今的发展演化过程，力求以直观的视觉效果把古代东阿人的智慧展现于参观者面前；现代部分主要表现的是现代阿胶人的艰辛创业和辉煌成就。

2017年7月，山东省东阿县陈集阿胶小镇获批为第二批国家级特色小镇，这个坐拥东阿阿胶集团、东方阿胶、东盛阿胶等规模以上阿胶企业25家的小镇，在传承中创新，实施"阿胶+"实验，一块小小的阿胶盘活了整个小镇。"东阿"和"阿胶"成为人们心目中不可拆分的整体。借着"东阿阿胶"这块金字招牌和得天独厚的先天资源，陈集镇的阿胶生产厂家如雨后春笋般蓬勃发展，大大小小的阿胶企业有40多家，不愧是"中国阿胶看东阿，东阿阿胶看陈集"了。

同时发展势头强劲的还有"阿胶+旅游"。随着阿胶传统产业的转型升级，阿胶特色产业旅游成为东阿全域旅游的重要组成部分。目前，东阿阿胶集团开发的工业旅游、文化体验项目，年旅游人数达到50万人次；百年堂阿胶建设的以阿胶文化碑刻为主题的文博旅游景观列入上海"大世界基尼斯中国之最"；古胶阿胶、东方阿胶等阿胶企业相继开发阿胶文化旅游康养体验项目吸引大批游客前来观光游览，实现了阿胶产业从生产到工业旅游、文化体验、健康养生的转型升级调整。

中国阿胶博物馆

阿胶博物馆内景

3. 好时巧克力博物馆——美国好时巧克力小镇

（Hershey）美国小镇好时简介：北美地区最大的巧克力及巧克力类糖果制造商；好时公司位于宾夕法尼亚州，是一家具有108年历史的老字号公司。好时巧克力的创始人密尔顿·史内夫里·赫尔希先生（Milton Hershey）1903年在这里初创巧克力制造业时，这里还是一片少有人烟的牧场。赫尔希先生以他的智慧和长远眼光设计了这里的一切。在20世纪上半叶，好时镇就是好时公司，镇上的居民几乎全是好时公司的员工。好时公司铺筑了道路，修建了医院，建筑了体育馆、剧场、游乐场、巧克力温泉等几乎镇上的一切公共设施，并带头把好时镇建成美国小城镇绿化建设中的模范。

好时镇拥有3家现代化的巧克力工厂，是世界上最大的巧克力产地。每天生产的巧克力仅KISSES一个品种就多达3300万颗。1894年，Milton Hershey先生在他的出生地——美国宾夕法尼亚州中部的一座小镇上创建了世界上最大的巧克力工厂，牧场专送的新鲜牛奶，精心筛选的可可豆，加上传统的经典工艺，使得HERSHEY'S巧克力纯正幼滑，滋味浓烈，整座小镇变成了一个巧克力香味满溢的糖果王国，因此人们称它是"世界上最甜蜜的地方"。

好时巧克力世界博物馆

巧克力世界内景

4. 中国眼镜博物馆——江苏丹阳

2016年6月16日，国内收藏品种最多、占地面积最大、展览设施最先进的中国眼镜博物馆在"眼镜之都"江苏省丹阳市举行了开馆仪式，即日起，该馆正式对外运营接待。该馆的许多藏品都是早期的眼镜文物，有的甚至是世界级的孤品。

中国眼镜博物馆位于丹阳的国际眼镜城五楼西区。博物馆建筑面积达1800平方米，以眼镜之"源、趣、业、乐"为主题，全馆设有20多个多媒体互动展区、6个艺术场景复原、200多件文物级眼镜展品。博物馆展品种类相当丰富：有眼镜、眼镜盒、眼镜袋、放大镜、古代早期的多种视力矫正工具等；材质多样化，有金银铜器、木雕丝绸、漆皮鲨鱼皮，等等；展品外观更是精美绝伦，造型独特，体现了中国眼镜制造工艺的炉火纯青。整个博物馆分为"镜源""镜华""镜界"和"镜享"四大展区，游客既可以了解眼镜发展的"前世今生"，也可以在VR（虚拟现实）技术中感受未来眼镜的发展方向。

丹阳眼镜兴起于20世纪60年代末期，50多年来，从小作坊式的"窝棚眼镜"历经三代变迁，发展到现在成为享誉国内外的中国丹阳国际眼镜城，丹阳年产镜架近2亿副，占全国总量的1/3，年产光学镜片和玻璃镜片3亿副，占国内总量的75%，世界总量的50%，已形成"全世界每两个人戴的眼镜中，就有一个人的镜片产自丹阳"的行业佳话。

丹阳正在规划建设眼镜风尚。小镇位于丹阳老城与新城之间，具备城市门户、城市心脏双重属性。小镇产业享誉全球，小镇眼镜产业起始于20世纪60年代末，已有超过50年的发展史，是一个"光荣与梦想"的故事，一个关于"工匠精神"的故事。

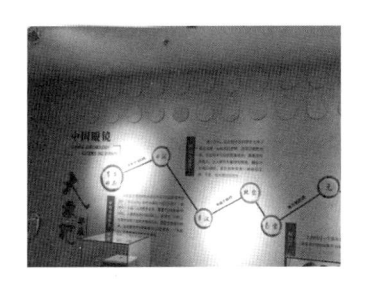

眼镜博物馆展示墙　　　　　　明代玳瑁圈嵌式活节直腿眼镜

5. 中国牙刷博物馆——扬州邗江杭集镇

中国牙刷博物馆于 2011 年 5 月 6 日正式落户中国牙刷之都邗江杭集。牙刷日化用品是杭集镇的传统优势产业，至今已有 300 余年的历史，享有"中国牙刷之都、中国酒店日用品之都"美誉。这座小镇是高露洁、三笑等著名牙刷厂的生产基地，年产牙刷 60 亿支，在国内牙刷市场中占有率达 80%，国际市场中占有率达 30% 以上，是全球最大的牙刷生产基地。

中国牙刷博物馆内景

牙刷博物馆的藏品

中国牙刷博物馆馆藏历史文物 40 余件，拥有唐代、辽代及各个历史时期的牙刷展示区。陈展区共分为 5 部分，完整介绍了中外牙刷的历史、发展历程。

展馆用大量的珍贵实物、模型和图文资料，展现了牙刷从早期的纯手工，到目前全自动化生产等一系列进化情景,并为产品的后续发展提供采样、参照和借鉴。

三、没有围墙的博物馆

没有围墙的博物馆,也可以称为"开放式博物馆""生态博物馆""露天博物馆""活态博物馆"等,这一新兴博物馆形态,理念运用于城市文化遗产保护中,解决了历史街区保护与发展的矛盾,民族文化旅游开发与保护的一种持续旅游发展模式。

1. 阆中古城

阆中古城,是国家 5A 级旅游景区,千年古县,中国春节文化之乡,中国四大古城之一,位于四川盆地东北缘、嘉陵江中游,总面积达 4.59 平方公里,核心区域 2 平方公里。截至 2015 年,古城已有 2300 多年的建城历史,为古代巴国蜀国军事重镇。

张飞庙全景

阆中古城有张飞庙、永安寺、五龙庙、滕王阁、观音寺、巴巴寺、大佛寺、川北道贡苑等 8 处全国重点文物保护单位;有邵家湾墓群、文笔塔、石室观摩崖造像、雷神洞摩崖造像、牛王洞摩崖造像、红四方面军总政治部旧址、华光楼等22处省级文物保护单位。

古城的建筑风格体现了中国古代的居住风水观，棋盘式的古城格局，融南北风格于一体的建筑群，形成"半珠式""品"字形、"多"字形等风格迥异的建筑群体，是中国古代建城选址"天人合一"完备的典型范例。

中国风水馆

2. 乌镇

乌镇地处浙江省桐乡市北端，西临湖州市，乌镇原以市河为界，分为乌青二镇，河西为乌镇，属湖州府乌程县；河东为青镇，属嘉兴府桐乡县。解放后，市河以西的乌镇划归桐乡县，才统称乌镇。

乌镇曾名乌墩和青墩，具有6000余年悠久历史，因其历史街区保留了大量经典明清建筑群，与周庄、同里、甪直、西塘、南浔并称为"江南六大古镇"，是全国20个黄金周预报景点之一。乌镇是典型的江南地区汉族水乡古镇，有"鱼米之乡，丝绸之府"之称。乌镇是一个空间格局为双棋盘式河街平行、水陆相邻的古镇，十字形水系将古镇划分为东栅、西栅、南栅、北栅4个区域。

1991年被评为浙江省历史文化名城，1999年开始古镇保护和旅游开发工程。2014年11月19日始，乌镇成为世界互联网大会永久会址。

乌镇水乡景色

世界互联网大会会址

3. 宽窄巷子

宽窄巷子位于四川省成都市青羊区长顺街附近，由宽巷子、窄巷子、井巷子平行排列组成，全为青黛砖瓦的仿古四合院落，这里也是成都遗留下来的较成规模的清朝古街道，与大慈寺、文殊院一起并称为成都三大历史文化名城保护街区。

康熙五十七年(1718年)，在平定了准葛尔之乱后，选留千余兵丁驻守成都，在当年少城基础上修筑了满城。民国初年，当时的城市管理者下文，将"胡同"改为"巷子"。20世纪80年代，宽窄巷子列入《成都历史文化名城保护规划》。2003年，宽窄巷子街区正式出现在世人的词典中。

宽窄巷子先后获2009年"中国特色商业步行街"、四川省历史文化名街、2011年成都新十景、四川十大最美街道等称号。

宽窄巷子全景

宽巷子街景

4. 爨底下

爨底下村位于京西门头沟深山峡谷中。爨底下村，实名爨底下。因在明代"爨里安口"(当地人称爨头)下方得名。爨底下村现保存着500间、70余套明清时代的四合院民居。整个村庄保留着比较完整的古代建筑群，坐落在北侧缓坡之上，依山而建，层层升高，村上一条蜿蜒东西走向的紫石、青石砌成的小巷，看去幽雅漂亮。村分上下两层，高低错落线条清晰，被称为北京地区的"布达拉宫"。

爨底下村人(户主及子女)全姓韩。相传是明代由山西洪洞县大槐树下移民而来，原村址在村西北老坟处，后因山洪暴发，将整个村庄摧毁，只有一对青年男女外出幸免于难。

为延续韩族后代，二人以推磨为媒而成婚，并在现址立村，婚后所生三子依次为：韩福金、韩福银、韩福苍。三子分三门，即：东门、中门、西门，始以福字为第一辈序排20辈：福景自守玉、有明万宏思、义巨晓怀孟、永茂广连文，至今已发展到第17辈——茂字辈。

爨底下村全景

"爨"字景观墙

5. 皇城相府

皇城相府（国家 AAAAA 级景区）位于山西省晋城市阳城县北留镇。皇城相府（又称午亭山村）总面积 3.6 万平方米，是清文渊阁大学士兼吏部尚书加三级、《康熙字典》总阅官、康熙皇帝 35 年经筵讲师陈廷敬的故居，其由内城、外城、紫芸阡等部分组成，御书楼金碧辉煌，中道庄巍峨壮观，斗筑居府院连绵，河山楼雄伟险峻，藏兵洞层叠奇妙，是一处罕见的明清两代城堡式官宦住宅建筑群，被专家誉为"中国北方第一文化巨族之宅"。

2007 年，皇城相府成为 AAAAA 级旅游景区。2012 年 4 月份，皇城相府获得全国文明单位评选冠军。

皇城相府全景

第九章　博物馆旅游规划

博物馆旅游规划，可以理解为与红色旅游规划、乡村旅游规划、工业旅游规划等类型的旅游规划类似的、特别以一类旅游资源为吸引物的专项旅游规划。同样作为旅游规划，规划的基本方法不变，都是在遵循一定规划原则的基础上，以背景分析、旅游资源分析、市场分析等为基础，进行博物馆主题旅游园区、博物馆主题旅游区、博物馆主题旅游目的地的项目规划、游线规划、基础及服务配套规划、产品配置、业态融合、营销策略、投融资估算等内容的旅游规划。然而针对每种不同类型的博物馆旅游规划，则各有侧重，思考博物馆旅游，难免总要从"博物馆"和"旅游"两个角度入手。

一、博物馆 + 旅游

旅游是一种注重体验的经历，博物馆旅游产品需要提供给游客独特的体验，这种独特体验可以是不同寻常、增长见识、情感上的关注等，这决定了他们再次游览的可能性大小，因此，要着重研究普通大众的博物馆旅游需求、增强博物馆在休闲方面的功能、增强博物馆的参与性、注重陈列手法的创新性从而更好地促进博物馆旅游的发展。

对于有明显发展博物馆旅游产业意愿的博物馆主体而言，如果给这一类博物馆做旅游规划，如何提升游客在博物馆的旅游体验是主要设计的重点和路径之一，其规划重点应该从旅游公共服务设施的提升、IP打造、文创商品设计及售卖、休闲配套产品融入、营销策略等方面着手，还要考虑其他特殊因素，例如，如果是位于郊区的博物馆，是否可在符合地方土地政策要求的前提下，争取扩大博物馆园区的面积，从而布局其他旅游产品。

1. 公共服务设施提升

交通是制约旅游景区发展至关重要的因素，多数城市博物馆在外部交通可达性方面并不存在这方面的问题，这是城市博物馆的发展优势。而对于郊区、乡村的博物馆，外部道路系统的可达性及公共交通设施、自驾服务系统的配置就显得尤为重要。除此之外，停车场即静态交通服务设施需要规划，以便为大规模游客的到来做好准备。

游客中心是景区服务的标配，博物馆如果在土地利用条件不允许也不需另建一处游客中心，但需要将游客中心提供的游客信息、咨询、行李寄存、博物馆游览体验线路安排、讲解、教育、休息、医务室、货币兑换处、自动取款机、失物招领等服务功能融于博物馆的公共服务设施中。

设置标识系统，包括博物馆全景图、导览图、标志牌等，其上的公共信息图形符号可参考旅游标准，同时要运用丰富设计创意理念，与博物馆文创主题相结合，将博物馆的标识系统设计成为博物馆的鲜明符号。

旅游购物是一些大型博物馆都会提供的服务产品，但核心问题不是购物服务的缺失，而在于提供的可购买的商品缺乏新意，千篇一律，这点倒是与传统旅游景区的旅游购物发展现状问题一致。所以如何运用 IP 思维创新开发具有博物馆文化标志特色且种类丰富、迎合市场需求的旅游商品，是博物馆旅游购物产品需要解决的核心问题之一。

餐厅、咖啡馆、饮品店等餐饮服务设施，可为游客提供餐点、咖啡、快餐、外卖食品等服务，这类店铺可根据博物馆的规模及性质、主题、类别灵活设置，如果场地有限或文物的保护等级较高，可将该类店铺设置为外卖、速食等类型的餐饮店铺。如场地及文物保护等级许可，且博物馆具有鲜明的娱乐休闲氛围，可开发深度的主题餐饮服务，以博物馆文化主题为特色，创意特色餐饮产品，打造主题餐厅，该类博物馆餐厅已不仅仅是博物馆旅游的公共服务配套设施，而是博物馆的核心旅游产品之一。

2. 博物馆 IP 策划与文创产品规划设计

我国博物馆的类型多样，如前所述，我国博物馆有多种划分类型，每一种类型的博物馆有不同的藏品、不同的展出方式，同时博物馆担负的功能也有所差异、所吸引的特定观众也有所不同，因此针对不同的博物馆和特定博物馆游客来构思出一个富有创意的主题，对于让博物馆游客获得难忘的旅游体验是至关重要的一个步骤。

在这个 IP 为王的时代，没有什么旅游资源比博物馆更能讲 IP 了。自从故宫博物院靠着"感觉自己萌萌哒""朕知道了"等一系列文创产品脱颖而出，并在 2017 年文创销售达到 15 亿元之后，搞文创就成了大大小小文博单位的同一个梦想。IP 不是故事讲得好、漫画画得好就可以，内容只是一个载体，消费者通过内容去了解 IP 以及 IP 背后所代表的文化价值观，这个内容在不同的时代是可以发生变化的，但文化价值观是会永远活下去的，如果一个作品没有形成文化层面的效应，就很难称之为一个成功的 IP。

博物馆文创产品是目前旅游文创产品发展的代表，虽已有相当起色，但目前国内博物馆文创还处于初级阶段，许多地方博物馆的文创产品仍停留在对文物形象浅层借鉴的层面和千篇一律"卖萌"求关注的阶段，面对庞大的旅游商品市场需求，旅游文创商品的发展才刚刚起步。

本书前几章中有大量的关于文创商品的案例可供借鉴，那么对于还未形成显著特色 IP 的博物馆来说，IP 的策划及文创产品的设计与运营，就显得尤为重要，这需要对游客购物消费市场的充分调研，了解游客在文创商品的购买上有哪些购物习惯。

同时，旅游产品可与文创结合的环节，远不止旅游商品。博物馆文创产品开发可以从单一的工艺品，进而涵盖到吃、穿、用、住、妆、玩、行各个生活场景。博物馆文创产品的生产，主要通过自己运营以及授权联名两种方式。博物馆种类繁多，既是地域名片，也是独一无二的文化 IP。

例如旅游文创服务、文创餐饮、文创主题住宿、文创街区、文创节事活动、文创导览标志等都是可以与文创结合的旅游产品，所以旅游文创产品是运用文创的手法，将旅游产品中的吸引物、接待设施、交通、旅游纪念品等实物硬件，赋予文化创意，进行改造、提升与文创包装，为这些旅游资源讲故事。

例如乌镇戏剧节就是一个利用文化创意产业为景区进行二次资源开发、二次营销的成功案例，还有各类艺术小镇、文创小镇、创意农业园区等，皆是旅游文创产品的典型案例，所以旅游与文创的结合，是旅游产业各要素与文创产业发生的一次全新裂变反应。通过文化创意，僵死的文化可能变得鲜活，一般性的文化可能变得非同一般，蒙尘的文化可能被打磨得闪闪发亮。

3. 沉浸式新技术体验

"沉浸式"这个词现在更多地让人们联想到新媒体艺术与技术，更多运用于先锋艺术的表现中。沉浸感是新媒体艺术最重要的特征，沉浸感是运用各种手段把场景还原，让观众身临其境，能够领略体验虚拟现实带来的真实感。由于某个主题的虚拟性，使场景更像个剧场，让每个参与者既是观众又是演员，展览最终要通过每个观众的参与才算真正完成。这与又博物馆想增强游客参与感、将"以人为本"的期望落到实处不谋而合。

一场沉浸式展演的实现，可能只要一些能够满足其内容表现的场地、室内空间和影幕墙等硬件设施，其他就靠艺术家与技术人员完全放飞思维的自我发挥。而对于博物馆这种一般都会有文物、展品资源做基础的场馆，沉浸式新技术的运用就需要重点考虑与博物馆文物及展品资源的互动，同时也要考虑到文物保护的相关要求。

室外的沉浸式展演是夜间博物馆旅游产品的一大方向，由于沉浸式新媒体艺术的优势之一是常换常新，可以为博物馆不断带来更新的旅游产品，增加游客的重游率。室内的沉浸式展演如果运用文物的展陈空间，则需要与文物主题进行深度的融合，这种融合可以是主题文化的深度展现，也可以是一种反差的极致表达。

同时也要说明的是，如今许多人狭义地把"沉浸式"定义为声光电手段的多媒体展览，但沉浸式可以有各种形式，展览本身就是沉浸式体验，目前所见的沉浸式大都处于初级阶段，观众所得到的文化含量和设计者、策划者的思路密切相关，观众往往获得更多的是娱乐成分，但其实沉浸式是一个由娱乐向文化艺术的通道，我们不需要妖魔化或者太过追捧，而要是以平常心视之。沉浸式只是一种手段，不能变成一种目的，艺术是靠内容靠情感靠故事打动人的，不是靠形式靠技术，也不仅仅是靠所谓的沉浸式来打动人。随着技术越来越先进，体验会更加真实。

4. 藏品内容及陈列设计提升

把单纯参观博物馆展品，以满足好奇心为目的的博物馆旅游者的参观活动划分为基本层次的博物馆旅游活动。以增长知识，提高自己或家人的文化水平和假日休闲为目的的参观活动行为为提高层次的博物馆旅游活动。而以专业研究为目的的参观活动划分为专门层次的博物馆旅游活动。博物馆旅游的藏品内容与展陈技术的提升，应该综合考虑到这三类游客的不同需求。着重研究普通大众的旅游需求、增强博物馆的休闲娱乐功能、增加博物馆的参与性与体验性、注意陈列手法的多样性从而更好地发展博物馆旅游。

对藏品及其展示的解读可以从形式和实质两方面出发，以此来把握其背后主题或特定文化的表达，这也是博物馆体验的核心所在。此外，博物馆解说系统作为文化传达的中间环节同样不能被忽略，它直接影响着内容的表达效果。

展示手段上由静态展示向动态展示转化。传统静态展示方式只是利用展台、展柜、展板等对产品进行陈列展览，参观者按照展厅的设计路线进行参观，参观过程没有自主选择性，与展品之间缺乏互动交流，游客对参观的内容和方式是一个被动接受的过程。借助投影、幻灯、声像等高科技手段设计的动态展示方式，可使展品与游客进行交流，既能丰富参观者的参观方式，还能不断刺激参观者的兴奋点，使游客始终处于兴奋状态，提高参观活动的参观质量。

展示形式互动化。在展示的过程中引入问答、触动、操作、体验等"活动型"展示形态，增加观众与展示之间的交流，使之产生"刺激—传播—反馈"的预期反应。随着现代科技的飞速发展，通过电脑设备的整合与使用能够将各种媒体形式结合成一整套或是一系列的互动式展示方式，让观众的视觉、听觉、触觉、嗅觉等各个感观系统与展示本身发生关系，以增进展示效果。

展示途径多样化。展示形式可根据展品的性质进行不同的设计，如对于历史性题材的展品根据年代的不同采用编年式叙事的编排形式；通过场景展示社会重大事件以增强其真实性和震撼力，如济南战役纪念馆的全景画，利用空间布景、声音、烟幕、灯光等手段，配以解说的方式，再现济南战役的激烈场面，使观众身临其境般的感受战争的场景，达到意想不到的效果。

展示过程情节化。展示过程情节化是指在博物馆展览过程中，对不同展厅、不同展品之间进行情节化设计，用一定的情节线索对展示内容进行艺术化串联，增强故事的完整性和艺术性，使展览更加形象化，更具可读性。展示过程的情节化可以通过设置情节点和情节线的方式来实现。情节点是指能够激起游客兴奋点的互动项目、场景分布、媒体分布等。情节点的设计既不能过多，也不能过少，既要突出主题，又要内容丰富。情节线是指能够将各个情节点进行连缀的情节线索。情节线的设置应该根据不同情节点进行不同的串联、关联、穿插和循环，它既要能把情节点联系起来，使一个故事完整，又要与其他情节线相呼应，使不同的主题展厅之间相互衔接。

5. 多元功能创新

博物馆旅游是一种综合性的产品，游客参与到旅游六要素的各种不同的体验活动中，产生不同的旅游体验，各种不同的旅游体验共同形成旅游整体体验。博物馆旅游要从食、住、行、游、购、娱等多方位提供立体的、多样的旅游体验。在博物馆旅游体验研究中，要重视多元功能的创新。

旅游六要素的融入，在设计的过程中需要重点注重文物的保护要求，尤其对于遗址类博物馆等，王学敏（2003）对当今游客对博物馆需求的趋势进行了分析，认为社会化、市场化；需求个性化、多样化；需求品质化；需求休闲娱乐化是目前游客的需求变化趋势。因此，研究表明博物馆游客的主要需求及动机体现在旅游的休闲与娱乐上，游客对休闲娱乐的需求、在娱乐中吸取知识等需求的多样化是目前博物馆市场变化的趋势，博物馆应针对变化，应对变化，采取有效的开发及营销方式，扩大其旅游市场。

设置餐饮场所，可开发具有博物馆文化特色的餐饮产品。设有主题化的住宿接待功能。为了保证游客的体验质量，设置游客量监控管理系统。

传统观念中，收藏、研究、教育是博物馆的三大基本功能，举办展览是博物馆实现文化传播的形式。按照这种模式发展的博物馆产品，形式老化、层次单一、创新能力不足，缺乏对参观者的吸引力，博物馆一度面临门可罗雀的尴尬境地；另一方面，在各种支出均增加的情况下，仅仅依靠政府财政支出已经难以维系博物馆的运营，要改变这种状况，博物馆增加新的功能，在原有功能的基础上叠加适应人们新需求的功能是必然趋势，旅游与博物馆的联姻应运而生，在博物馆基本功能的基础上叠加旅游功能是正确的发展出路。博物馆旅游功能叠加之后，可以针对不同的市场需求拓展不同的细化产品，比如针对学生的修学产品、针对老年人的历史题材展览等；同时这种旅游功能的叠加，还能够增加博物馆的收入，增强博物馆的造血功能。旅游功能的叠加是以人们乐于接受的形式将文化呈献给旅游者，是旅游者寓教于乐，实现博物馆公共教育功能的过程。

现代博物馆既是文物保护场所、文化旅游景点地又是艺术荟萃之地、爱国主义教育的课堂，他阐述了现代博物馆如何克服传统职能的局限性，指出要在传统功能的基上，糅合休闲娱乐等新兴功能，以全新的面貌向大众提供了多方位的服务。李健文（2010）等人从旅游的视角对博物馆功能进行了细致全面的研究，提出博物馆由核心职能、基本职能拓展出休闲、娱乐、学习等"外缘职能"，带给博物馆新的发展机遇，针对旅游者的需要，拓宽了博物馆的职能，重点论述了博物馆的学习化与休闲化取向。

二、景区 + 博物馆

对于常规的旅游景区，如果遇到了发展瓶颈或想要创新文旅产品、设置博物馆，那么这种类型的博物馆旅游规划重点就应放在博物馆的内容主题策划、基地选址、展陈新技术手段的融入以及研学旅行等旅游产品的配置方面。

1. 博物馆主题的选择

对于一个想要通过建设博物馆来发展创新旅游产品的景区来说，相较于一个仅想发展旅游产品的博物馆来说，可发挥的空间及灵活度会更大。在如今这个新思维和新创意爆炸的时代，能做博物馆的内容非常多，所以在诸多内容中如何找准最适合的主题内容，是规划单位及景区主体需要重点关注。

在前文介绍了诸多创新型博物馆的案例，包括香蕉博物馆、牙刷博物馆、泰迪博物馆等，以常州恐龙园的博物馆来说，其恐龙博物馆并无严格的考古价值，但恐龙主题的选择，显然就是其最成功的地方。

要依托资源，面向市场，选择与景区主题相关的博物馆主题，例如乡村旅游景区选择民俗博物馆、饮食博物馆、农事体验博物馆、昆虫博物馆等，针对乡村旅游景区的家庭型、周末游、周边游客源市场特点，选择更加亲切感的小型博物馆展陈主题。除了进行固定博物馆的主题在这个"网红"打卡盛行的时代，可以经常更换布展主题，这就需要与博物馆策划机构进行合作

2. 博物馆的选址及建筑设计

很多博物馆建筑本身就是"网红"。一个优秀的博物馆建筑设计作品，本身就是景区的吸引物，甚至是一个旅游目的地的吸引物。以阿那亚礼堂的设计为例，映衬着一望无际的大海，在四周空无一物的海滩上，孤零零建起的阿那亚礼堂本身的功能，似乎早已被人们遗忘，因为它的建筑外形的观感体验，就足以让游客印象深刻，也足以让它具有了"网红"气质。

博物馆的选址需要在整个景区中处于游客易于到达且游览性质较高的节点上布局。如果选择博物馆作为景区的标志性景观，就需要将游客的游览体验的需求相结合。

处于景区里的博物馆相较于位于城市的博物馆，可利用的土地资源相对更丰富，博物馆的选址及体量规模的灵活度也更高，所以景区可以充分利用这个优势进行旅游博物馆的设计及内容的创新安排。

3. 创新型博物馆的运用

在多元文化发展的时代，博物馆已不仅仅由建筑和藏品定义。生态博物馆、社区博物馆、开放型博物馆、虚拟博物馆各种五花八门千奇百怪的主题博物馆等新型博物馆都具有强大的市场生命力。在为旅游景区、园区、目的地开发博物馆旅游的过程中，可以充分利用创新型的非传统意义的博物馆，例如世界上有一些博物馆并不收藏文物，而是收藏普通人生活中会用到的东西，比如手机和个人电脑，这种方式可以向后人展示我们现在的生活方式，也很有意义。也有人提出了

"无边界博物馆"的概念，在实体层面来说，地铁站、社区、商场等都可以成为延伸和实现博物馆功能的重要场所。

旅游产业原本就是一种极具创新体验诉求的产业，旅游资源是动态发展的，什么资源能吸引人千里迢迢来玩来看，什么资源是旅游资源是首先要考虑的，现代新型博物馆产品及理念的广泛应用，与旅游产业创新发展的要求不谋而合。

参考文献

[1] 虞虎. 让博物馆成为文旅融合的窗口 [N]. 中国旅游报，2019-06-14.

[2] 邹芸. 博物馆旅游的体验化研究 [D]. 四川师范大学，2010:7.

[3] 李燕妮. 旅游者视角下的中国博物馆旅游探索 [D]. 云南大学，2006:8.

[4] 谭颖. 博物馆旅游开发现状及发展研究 [J]. 绵阳师范学院学报，2007(3):94.

[5] 湛珏颖. 现代博物馆旅游的发展策略 [J]. 清远职业技术学院学报，2018(7):47.

[6] 黄晓星. 日本文化旅游机制创新的经验与启示 [J]. 社会科学家，2019(8):104.

[7] 谢喜平. 2018年全球博物馆行业发展现状与市场趋势分析 新技术驱动博物馆创新 [Z]. 深圳：前瞻产业研究院，2019-02-18.

[8] 于萍. 博物馆旅游发展研究 [D]. 苏州大学，2003:5.

[9] 李尘. 博物馆旅游地的生命周期研究——以陕西省的博物馆为例 [D]. 陕西师范大学，2005:28.

[10] 刘玉珠. 我国博物馆发展概况、问题及任务 [N]. 搜狐网，2019-02-27.

[11] 杨拓. 新技术视角下博物馆发展实践与趋势 [N]. 中国国家博物馆馆刊，2019（11）.

[12] 驴妈妈旅游网，2019博物馆主题游数据报告 [R]. 北京：2019.

[13] 辛儒. 休闲经济背景下博物馆的经营与管理 [J]. 河北大学学报（哲学社会科学版），2006.

[14] 戴斌，目前"战疫"形势和全年旅游任务 [Z]. 北京：品橙旅游，2020-02-20.

[15] 王学涛，魏飚，在家"云游"博物馆 [Z]. 北京：新华网，2020-02-26.

[16] 韩爱霞. 我国博物馆旅游创新开发模式研究 [D]. 山东师范大学，2009.

[17] 孙亚慧，瞧！科技让博物馆"潮"起来 [N]. 人民日报海外版，2019-05-18.

[18] 吴学安. 博物馆开"夜场"为夜间经济添活力 [N]. 中国旅游报，2019-09-11.

[19] 贺传凯. 乡村博物馆发展之我见 [J]. 新西部：理论版，2018.

[20] 洪清华. 旅游要happy，关键在IP[Z]. 北京：驴妈妈旅游网，2016-02-25.

[21] 田艳萍.国外博物馆经济学研究概述[C].《博物馆研究》，2009年，第1期.

[22] 孔旭红，孙宏实.从封闭走向开放——博物馆业切入旅游市场的设想[C].《经济论坛》，2003年，第21期.

[23] AECOM，TEA.《2018全球主题公园和博物馆报告》[EB/OL]，2019-06-06.

[24] 陶宁宁.中国博物馆数量增长至逾5000家，文博单位"打卡"成时尚[N].澎湃新闻，2018-12-28.

[25] 戴昕，陆林，杨兴柱，王娟.国外博物馆旅游研究进展及启示[J].《旅游学刊》，2007年，第3期.

[26] 冯晓梅，曹青，刘庆友.博物馆旅游开发市场调查研究[J].《山东师范大学学报：自然科学版》，2010年，第2期.

[27] 猎豹用户研究中心.《豹告丨博物馆观众调研报告：10亿流量拥抱科技升级》[DB/OL]，2019-12-11.

[28] 韩爱霞.我国博物馆旅游创新开发模式研究[D].山东师范大学，2009.

[29] 李策.历史博物馆旅游运营研究——以湖南省博物馆为例[D].2008.

[30] 周庆梅.关于城市博物馆旅游开发现状与对策分析[J].青年时代，2017(23).

[31] 吴晓阳.浅析博物馆文化建设的重要性[J].长江丛刊:95.

[32] 张葳，李彦丽，ZHANGWei，等.博物馆旅游开发模式研究——以河北省为例[J].河北师范大学学报（哲学社会科学版），2010，33(2):46-50.

[33] 柴焰.博物馆与旅游融合发展的路径探究[J].福建茶叶，2019(8).

[34] 北京奥林匹克公园博物馆经济发展对策研究课题组，李佐军，金虎，et al.我国博物馆经济的理论及其实施路径——以北京奥林匹克公园为例[J].中国市场(16):26-29.

[35] 陈琴，李俊，张述林."大博物馆旅游综合体开发"模式研究[J].生态经济(11):89-93.

[36] 张晋.博物馆品牌化运用——以故宫博物院为例[J].文物鉴定与鉴赏，2018,000(011):136-137.

[37] 李燕妮.旅游者视角下的中国博物馆旅游探索[D].2006.

[38] 廖国一.乡村博物馆的建设与乡村旅游业的发展——以海南省五指山市冲山镇历史名村番茅村为例[A].博物馆与旅游——广西壮族自治区博物馆第二届学术研讨会论文集，2009.

[39] 张德玉，江洁.革命类纪念馆红色文化的打造与红色旅游景点的建设[C].福建省革命历史纪念馆."红色文化论坛"论文集——中国博物馆协会纪念馆专业委员会2012年年会.北京：

中共党史出版社 .2012.

[40] 史一棋，白春阳 . 博物馆研学旅行如何规范（文化脉动）[A]. 人民日报，2018.

[41] 杨召奎 . 工业旅游如何实现高质量发展 . 工人日报，2018.

[42] 魏忠民 . 生态旅游——博物馆营销的新途径 [J]. 博物馆研究，2004.

[43] 干鸣丰 . 浅析宗教文化旅游的开发利用 [J]. 旅游纵览（行业版），2011.

[44] 卜星宇 . 浅析博物馆与非遗项目如何联合开发文创产品——以成都杜甫草堂博物馆为例 [J]. 艺术科技，2017.

[45] 蔡欣怡 . 互联网环境下博物馆行业的商业模式创新研究 [D]. 2019.

[46] 齐俏 . 故宫博物院营销策略探析 [J]. 营销探秘，2020(02):246.

[47] 艾拉·考夫曼（美）. 数字时代的营销战略［M］. 曹虎，译 . 北京：机械工业出版社，2017：2.

[48] 孙越，张登霞 . 基于 4R 理论的博物馆数字营销探析——以湖南省博物馆为例 [J]. 新闻研究导刊，2018, 9(21):37–38.

[49] 王晓梅 . 非国有博物馆旅游化运营的表现、困境与对策 [D].2019.

[50] 贾一帆，时熠等 ."互联网 +"自媒体营销现象研究 [J]. 合作经济与科技，2019.

[51] 武佳 . 新媒体环境下粉丝经济在品牌营销中的新思路 [J]. 北方传媒研究，2019.

[52] 彭美菡 . 浅论"网红"时代的博物馆营销传播——以故宫博物院为例 [J]. 文物鉴定与鉴赏，2019.

[53] 赵伟晶 . 北京故宫博物院新媒体营销策略 [J]. 经营，2019.

[54] 亚德里安·斯莱沃斯基，大卫·莫里森 . 利润模式 [M]. 北京：中信出版社，2002.

[55] 亚德里安·莱沃斯基，卫·莫里森 . 发现利润区 [M]. 北京：中信出版社，2003.

[56] 刘菊湘，李学江 . 旅游景区盈利模式理论研究与实证分析 [M]. 西安：三秦出版社，2010.

[57] 王璐 . 旅游景区类企业盈利模式研究 [D].2015.

[58] 张利平 . 古村镇旅游盈利模式研究 [D].2014.

[59] 李庆雷 . 旅游策划论 [M]. 天津：南开大学出版社，2009.

[60] 段勇 . 美国博物馆的公共教育与公共服务 [J]. 中国博物馆，2004，27（4）：90–95.

[61] 中国私人博物馆联合平台 .2016 年中国私人博物馆行业发展白皮书 [R]

[62] 徐永红 . 博物馆旅游体验研究 [D].2006.

[63] 韩爱霞 . 我国博物馆旅游创新开发模式研究 [D].2009.